祝賀姚澤民主編

《手串收藏與鑒賞寶典》出版

無用之用

方為大用

壬寅季秋於澳門吳仕明

澳门著名书法家吴仕明题词

著名书法家米南阳题词

著名书法家米南阳题词

祝賀姚澤民主編《手串收藏與鑑賞寶典》出版

無用之用
方為大用

壬寅季秋於澳門吳仕明

澳门著名书法家吴仕明题词

澳门著名画家余国宏题词“利而不害 为而不争”

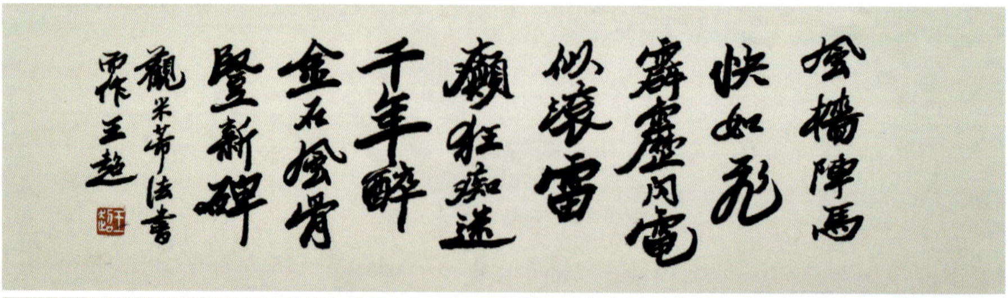

著名画家王超题词

著名画家何君华题词

著名画家廖军题词

收藏与鉴赏丛书

姚泽民/主编

手串收藏与鉴赏宝典

姚泽民/编著

化学工业出版社
·北京·

内容简介

本书结合大量精美的手串图片，为读者详细讲解手串的分类、特征、佩戴和收藏的注意事项以及真伪鉴别方面的知识，以通俗易懂而又专业的笔触，为收藏爱好者了解手串特性、购买和收藏手串提供了有力帮助。

本书是《姚泽民讲手串》的升级版，适宜一般收藏爱好者和普通消费者参考。

图书在版编目（CIP）数据

手串收藏与鉴赏宝典/姚泽民编著. —北京：化学工业出版社，2022.9

ISBN 978-7-122-41846-3

Ⅰ.①手… Ⅱ.①姚… Ⅲ.①首饰-收藏-中国②首饰-鉴赏-中国 Ⅳ.①G262.9②TS934.3

中国版本图书馆CIP数据核字（2022）第123831号

责任编辑：邢　涛　　文字编辑：郑云海　陈小滔
责任校对：张茜越　　装帧设计：韩　飞

出版发行：化学工业出版社（北京市东城区青年湖南街 13 号　邮政编码 100011）
印　　装：北京缤索印刷有限公司
787mm×1092mm　1/16　印张 12　彩插 3　字数 200 千字　2023 年 3 月北京第 1 版第 1 次印刷

购书咨询：010-64518888　　售后服务：010-64518899
网　　址：http://www.cip.com.cn
凡购买本书，如有缺损质量问题，本社销售中心负责调换。

定　　价：98.00元

前言

《姚泽民讲手串》一书出版之后，一年多便销售一空。文玩和图书市场上对于手串类图书的喜爱与需求超乎我们的预料，于是这本升级版的图书也就应运而生了。

明朝张岱说："人无癖不可与交，以其无深情也。"羲之爱鹅、米芾拜石、东坡玩砚、陆羽品茗，无不体现了文人墨客对收藏的情有独钟。作为文明古国，佩戴饰品在我国有悠久的历史，并被赋予了丰富的社会、文化内涵。

《韩非子·观行》记载："西门豹之性急，故佩韦以缓已；董安于之心缓，故弦统以自急。故以有余补不足，以长续短，之谓明主。"意思是说，性子急躁的人，就随身佩戴牛皮或布匹类的饰物以自警，因为牛皮有舒缓的意思；性子迟缓的人，就随身佩戴弓弦类的饰物以自励，因为弓弦有绷紧的意思。因此，性子急的西门豹才佩戴牛皮，而性子缓的董安于则佩戴弓弦。

手串源于串珠与手镯的串饰品。时至今日，手串已经走入了寻常百姓家，功能上也突破了传统意义，增加了装饰、把玩、投资等多重功用，成为受众人群极广的一类藏品。

手串能够成为广受欢迎的藏品，主要有以下三点原因：

① 功能多样性。除最普遍的装饰功能外，人们还赋予了手串十分丰富的内涵与期望：有的人因为喜爱某种文化内涵而随身佩戴相应材质的手串；有的人借手串的独特材质，寄托希望健康、平安、富贵等美好愿望；还有的人靠佩戴材质昂贵、做工精良的手串来显示其财富与地位。

② 价格区间大。手串的价格千差万别，主要还是源于其材质和工艺的多样性，而这两个因素也是判定手串价值的主要指标。一些比较传统而常见的材质，如和田玉、翡翠、琥珀、玛瑙等各有其材料等级判断标准，材质的优劣能够直接影响其价值的判定，

而工艺上则一般是高档材料使用精细的工艺，低档材料使用相对简单的工艺。也有一些材质的手串其价值更多取决于加工工艺，如很常见的菩提手串，其材质上的差异并不算太大，抛光程度或珠子的形状是否受藏家青睐反而是影响其价格的重要因素；又如橄榄核手串，一串“素子”可能只要几十元，而一串经名家雕刻的手串价格则会动辄几千元甚至几十万元。低至几十元、高至数十万元的巨大价格区间，决定了手串既可以是平民手中的把玩之物，也可以是高收入群体收藏甚至投资的好选择。

③ 群体广泛性。形制多样、搭配灵活是手串的重要特点。男性可以戴大珠子，如木质类手串，女性则适合戴水晶等宝石类手串。无论是什么年龄、什么性别、什么气质的人，几乎都可以找到适合自己的手串。同时，以不同材质的珠子搭配出美观大方又能展示个性和审美情趣的手串，也已经成为越来越多藏友津津乐道的事情。

可以看出，手串以其极强的适应性赢得了众多藏友的喜爱，让很多人通过它开始接触和了解收藏，也促使一些藏友开始学习颜色搭配、打绳结等相关知识。手串已经成为最受欢迎和关注的收藏类别之一。

特别感谢北京电视台《书香北京》栏目主持人李文文女士为本书提供了精美的手串图片，另有多位友人为本书的编写和出版提供了帮助，在此一并致谢！由于手串门类众多、市场更新快，难免挂一漏万，书中不足之处，敬请读者和行家指正！

姚泽民

2022 年 3 月 8 日于景德镇

目录

第5章 其他类手串的鉴赏与收藏

第6章 手串鉴赏与收藏的专业术语

第 1 章

手串鉴赏与收藏概述

1.1 手串的起源

手串是源于串珠和手镯的串饰品，而今已演化为集装饰、把玩、鉴赏于一体的特色收藏品。串珠最先用于颈部饰品，通常由有孔饰物串连而成。珠串作为一种佩饰，在中国由来已久。在北京房山山顶洞人遗址的考古发现中，就出土了距今约1万年的旧石器时代原始人所生产的“珠串”。山顶洞人所佩戴的首饰，是用有穿孔的兽牙、贝壳、小石珠、鲩鱼[1]眼上骨等串连而成。这些形态各异的骨、石饰件就是山顶洞人的“护身符”，他们将各式各样的珠子穿起来，作为颈饰佩戴。考古还发现，中国新石器时代的各地遗址中也都有大量穿孔的石珠、骨管、蚌、玉、玛瑙等饰件出土。它们遍布中华大地，且呈现多样化、复杂化的态势。

图1–1 手串《竹林七贤》(承莉君)

商周时期，玉文化已经发展到一定程度，周代的贵族将玉、玛瑙等珍贵材料穿成串，

[1] 鲩鱼即草鱼。

称作“礼玉”，用来佩戴以显示其身份或地位。这种习惯到秦汉以后式微，但似乎仍然有所传承。直到魏晋、隋唐时期佛教在中国发展并兴盛起来，一种叫“佛珠”的宗教用品在寺院甚至社会上也逐渐流行。佛珠遂成为与本土珠串文化发展并行不悖的饰件及用品。

佛教最早诞生于古印度，但古印度早期佛教却没有使用佛珠，见于记载的佛珠使用始于公元 2 世纪左右。中国有关佛珠的最早记载是《续高僧传》中所说的隋唐时代的道绰大师，他教人们拿着念珠持诵三宝名号。

图 1–2　南红手串

根据史料记载，清代的朝珠源于藏传佛教的佛珠。早在努尔哈赤、皇太极时期，清朝政府就已经开始奉行支持藏传佛教的政策，并经常把佛珠赏赐给属下，各级官吏将领也把佛珠当作礼品进贡。后来作为清朝冠服佩饰标准的朝珠，其样式就脱胎于佛珠。

在北京故宫博物院所收藏的清代帝后朝服像中可以看到，努尔哈赤、皇太极和顺治帝没有佩戴朝珠，但顺治帝的皇后却佩戴了朝珠。顺治帝的母亲孝庄文皇后在晚年朝服像中也佩戴了朝珠。自康熙帝以后，历代帝后在朝服像中均佩戴有朝珠。

图 1—3 小叶紫檀手串

图 1—4 清代朝珠

随着清军入关后国家舆服制度的不断完善，宫廷创制了森严的着装等级制度，朝珠逐渐被赋予礼乐教化的功能，而朝珠也逐渐成为宫廷冠服佩饰的定制。朝珠的制作和佩戴规范也载入乾隆二十八年编纂的《钦定大清会典》中，可见官方的重视程度。清代朝珠由身子、结珠、佛头、背云、纪念、大坠、坠角七部分组成，周长在 130 ~ 170 厘米之间。身子由 108 颗珠子组成，寓意 12 月、24 节气、72 候为一年，故总数定为 108。还有一种说法，即佛教认为人生有 108 种烦恼，旧时佛寺每日朝暮各撞钟 108 下，称为“醒百八烦恼”。

在清朝皇室上上下下沉浸在这种宫廷礼仪服饰文化中的同时，这种制度和文化也融入后宫女眷的日常服饰中，于是服饰上的朝珠就演变成了宫廷手串。如果说朝珠兴起于朝堂之上，那么手串则滥觞于后宫之中。

图 1–5　沉香手串

手串因其材质、色泽和雕工的精美，随着清室的衰败而从深宫中流散到民间，成为文人把玩的高雅之物或是互相馈赠的礼品。朝珠及宫廷手串大多由清代御用作坊“造办处”督造，在材质选择上令人叹为观止。朝珠、宫廷手串将珠宝饰品的装饰功能与精湛的手工艺融合，选材上扩大范围，将多种珍贵材料运用其中，最终形成具有时代特色的宫廷珍品。

图 1–6　红木手串

改革开放后，国家开始重振经济，商业再次繁荣起来，手串文玩渐渐复苏，但那时候，对手串有了解的人仍然微乎其微。直到 2005 年，“文玩”这个词汇被提出，这个概念也逐渐被大众所接受。文玩手串也自然而然地成了引领时尚的标志之一。

图 1–7 天河石手串

可以说，手串的异军突起使得它的收藏成为杂项收藏中参与人数最多的类项，也将是今后古玩交易中极受人关注的一项。

1.2 手串的佩戴

手串在佩戴上也有学问。《韩非子·观行》记载：“西门豹之性急，故佩韦以缓己；董安于之心缓，故弦统以自急。”挑选适合自己的手串也可以达到警示自身、提升心性的效果。

图 1–8　星月菩提手串

佩戴手串的人越来越多。一串本来很简单的手串，可以把佩戴者在气质上的某些特质向社会放大，把佩戴者的修养、性格、追求、地位等相对隐晦的信息表现出来。佩戴手串不外乎有以下几点寓意：

① 有益健康。经常把玩手串，手、脑并用，自得其乐，颐养性情，有益健康。此外，有些手串的材质本身就对人有益处，比如沉香手串和琥珀手串等。

② 文化功能。手串的文化功能内容十分丰富。手串的寓意多是以物言志、祈福吉祥、平安如意等。佩戴手串，即是提醒自己坦然应对各种境遇，调节内心，遇事圆融，不忧不惧，不骄不躁，减少外界对身心健康造成的困扰。

③ 装饰美观。手串，华贵而不艳俗，美观大方，是高雅之士的不二之选。一串不起眼的串珠，却价值连城，带给佩戴者低调奢华的极致美丽。尤其是竹木类手串，其特殊的纹理和色泽，还会随着时间的推移，由内到外发生质的变化，令人爱不释手。

④ 增值功能。手串，通过长时间的佩戴与把玩，包浆灿然，莹润可爱，其价值也远远超过购买时的价格。

图 1–9　水晶手串

1.3 手串的把玩

手串的把玩也是手串收藏的一种表现形式。如果说“佩戴”是突出了手串的装饰性能的话，那么，“把玩”则是把手串看作一种收藏品。

（1）“人无我有”和“人有我优”原则

凡是达到收藏级别的藏品，都要满足“人无我有”和“人有我优”两个原则中的一个。其中，“人无我有”是从藏品是否罕见和罕见程度的角度去衡量藏品的等级。比如，在木质手串中，老紫檀就比大叶紫檀稀有，但是没有达到“人无我有”的境地；如果是一串清代老紫楠念珠，则可以说达到了罕见的程度，够得上收藏的级别了。“人有我优”是指藏品的种类尽管常见，可所具有的某种品质是其他同类藏品所达不到的。比如果核类手串中的金刚菩提子，这是极常见的一种。但是如果藏有一串金刚菩提子念珠，其年份不晚于清代中后期，珠粒上面带有几乎呈微透明状的枣皮红瓷质，而且珠粒本身不分瓣，则这样的金刚菩提子念珠就属于极有收藏价值的“人有我优”的情况。

图 1-10　芙蓉石手串

“人无我有”和“人有我优”两个原则的设立，就是为了区别于普通收藏品。所以，手串的收藏，上述两个原则必居其一，如果跟两个原则哪个都不沾边，则不能算是收藏品。

图 1—11　红纹石手串

(2)“文盘”“武盘”和“意盘”

作为一种文玩，手串的乐趣就在于“盘”。盘珠子，一般分为文盘和武盘两种盘法。文盘就是平时佩戴时用手把玩，久而久之，表面会形成自然润透的包浆；如果想要快速出效果，就要武盘了，手上套着搓澡巾、手套，没事就盘擦珠子，打磨出光泽。不过，武盘出来的包浆会有“火气”，不如文盘的那样温润柔和。

这里我们以玉器手串举例说明。盘玉非常地讲究，一旦盘法不当，一块美玉就会毁在自己的手上，所以收藏家们盘玉时需格外小心谨慎。清末大收藏家刘大同在其著述《古玉辨》中明确提出了文盘、武盘、意盘的概念，被以后的收藏家们奉为圭臬。

文盘。将玉器放在一个小布袋里面，贴身而藏，用人体较为恒定的温度加热，一年以后再在手上摩挲盘玩，直到玉器恢复到本来面目。文盘耗时费力，往往三五年不能奏效，盘玩时间可能需十来年，甚至数十年。清代曾有父子两代盘一件玉器的佳话，而某人穷其一生盘玩一件玉器的事，史不绝书。南京博物馆藏有一件清代的玉器，被盘玩得包浆锃亮，润泽无比，专家们估计这一件玉器已经被盘玩了一个甲子（60 年）以上。

武盘。所谓武盘，就是通过人为的力量不断盘玩，以期尽快达到包浆的目的。这种盘法玉器商人采用较多。玉器用旧白布（切忌有颜色的布）包裹，雇请专人日夜不断地摩擦，玉器摩擦升温，越擦越热，过了一段时间，就换上新白布，仍不断摩擦……武盘稍有不慎，玉器就可能毁于一旦。

意盘。是指玉器收藏家将玉器持于手上，一边盘玩，一边想着玉的美德，一边养自身之气质，久而久之，可以达到“玉人合一”的高尚境界。

1.4　手串的鉴赏与收藏

《庄子》里面有这样一个寓言：宋国的一家人，有一祖传秘方，冬天涂在手上不生冻疮，皮肤不会皲裂。这家人靠这个秘方世世代代漂布为生。有人路经这里，听说这家人有此秘方，提出用一百两金子来买他们的秘方。客人买到手后，就去南方游说吴王。吴越地处海疆，守卫国土主要靠水军。他游说吴王成功，做了吴国的水军司令，替吴国练兵。到了冬天，吴越两国发生了水战，吴国的水兵涂了他的不皲之药，不生冻疮，结果打败了越国，此人因此立了大功，被吴王封侯。这个故事讲的是，同样一件东西，人的聪明才智不同，用法不同，效果就会有天壤之别——差别不在于东西本身，而在于其用与不用和会用不会用，即一个眼光问题。

同样是收藏手串，有的人眼睛只是盯在手串上，夜以继日地盘玩手串，希望立即看到手串包浆灿然；而有的人却能通过对不同材质的手串进行观察、学习、甄别，提高鉴赏能力与水平，提升了文化素养。这跟《庄子》的寓言不是如出一辙吗？小小的手串收藏，其实包含了很多学问。

图 1–12　红珊瑚手串

手串的收藏与购买渠道，不外乎以下几种方式：

（1）从拍卖公司购买

近些年来，国内各类型的拍卖公司，如保利、瀚海、嘉德、匡时、香港天成、上海朵云轩、南京十竹斋、广州华艺等拍卖公司，它们经常会举办手串专场的拍卖。

拍卖公司拥有权威的专家顾问团队、专业的从业人员、全球征集拍品的能力以及专业的展览服务，为手串收藏投资者顺利获得自己心仪的手串藏品提供了巨大的便利。

（2）从文物商店购买

文物商店是我国文物事业的重要组成部分，在为国家培养出了大批的专业鉴定人才的同时，也为国家收购保存了大批的珍贵文物，成为国有博物馆文物征集的重要渠道之一。

图 1—13　清代粉红珊瑚念珠串

文物商店具有专业人才汇集、分布地区广泛、文物品种丰富、物品保真性强、价格相对合理等特点。

图 1—14　清代珊瑚手串

(3) 从专卖店购买

手串专卖店一般多位于城市商业繁华地带，采取定价销售和开架面售的形式，注重品牌信誉。服务人员一般专业知识过硬，可为买方提供咨询建议，甚至提供私人订制服务。此外，专卖店多提供售后服务等一系列贴心服务，因此它们也受到越来越多的手串买家的肯定。

(4) 从典当行购买

典当行的货物品种繁多，品质有保证，而且具备价格低的优点，已经迅速成为手串收藏的一种渠道。

图 1—15 天然虎斑菩提手串

(5) 通过互联网渠道购买

互联网带给人们前所未有的便利，足不出户便可知天下事。手串收藏也不失时机地利用网络来扩大自己的影响力。网络拍卖已经成为未来发展的一种趋势。网络拍卖作为电子商务的概念早已提出。经过多年酝酿与探索，如今已展现出良好的发展趋势。如2000年6月嘉德在线正式开通，在中国首开网络拍卖先河。

互联网拍卖的优势是可以一年365天不间断地进行展示和拍卖，而且是面向全世界，突破了时空的限制，但是先天不足的就是购买者无法对拍卖品真伪进行鉴别。

（6）以物易物

文玩手串收藏爱好者之间的以物易物，以及文玩圈子内的交流，不但各得所需，还增进了彼此的感情，因此这一方式逐渐受到资深手串玩家的追捧。

第 2 章

宝石类手串的鉴赏与收藏

2.1 和田玉手串

和田玉，“中国四大名玉”之一。和田玉本身不是地域概念。狭义的和田玉指新疆和田地区出产的玉石，包括和田籽料等；广义的和田玉则指软玉，包括和田料、青海料、俄料、韩料等，中国把透闪石成分占 98% 以上的石头都命名为和田玉。

和田玉是一种由微晶体集合体构成的单矿物岩，含极少的杂质矿物，主要成分为透闪石。其著名产地是号称“万山之祖”的昆仑山，在新疆维吾尔自治区。和田玉产于整个昆仑山北坡长约 1300 公里、以和田为中心的狭长地带。和田玉是高档玉石，而且是我国国石的候选玉石之一。

图 2–1　和田玉手串（一）

2.1.1 挑选与鉴别

（1）按产地具体细分，和田玉目前有四种

① 新疆和田料。产于昆仑山和阿尔金山地区，为接触交代成因。和田地区是公认的

软玉最好的产地。和田料细分又可以分为山料、山流水料、戈壁料和籽料四种，质地以新疆和田玉籽料最为上乘，山流水料次之，然后是山料，戈壁料。因为多年的开采，籽料和山流水料矿源基本已经耗尽，好料越发稀少，价格也越来越高。

② 俄料。产自俄罗斯的和田玉，圈内称为俄料，产出形态也可以分为山料、籽料、山流水料三种。 但俄料的籽料很少，大多为山流水料和山料。随着和田料的日益稀少，俄料的白玉价值也逐渐提高，市场上的高端白玉，90% 以上都是俄料。

③ 青海料。青海料又称青海玉或昆仑玉，是市场上常见的广义和田玉种类之一，产自昆仑山脉东缘入青海省部分，与新疆和田料同处于一个成矿带上，昆仑玉与和田料在物质组成、产地状况、结构构造等几个主要的特征上基本相同，可谓大自然中的孪生同胞。老坑的青海料质地细腻，可与新疆和田玉山料相媲美，新坑的质地差些，容易走色泛黄。

图 2-2　和田玉手串（二）

④ 韩料。韩料是广义和田玉青玉山料。它的主产地是朝鲜半岛南部的春川，产于当地的蛇纹岩中，多显青黄色和棕色，质地不是很好。韩料的化学成分与和田料相似，莫氏硬度和密度接近和田料，莫氏硬度为5.5左右。其价值较低，和高端的羊脂玉能差上万倍。

图 2–3 和田玉手串（三）

（2）古玉的辨别

① 制作工艺。依清人李澄渊《玉作图》所说，古玉制作的基本步骤为：捣砂研浆、开玉做坯、砣磨上花、钻孔镂空和抛光。古玉制作工具效能较低，转速不均且慢，多以湿砂为中介物；人力手工操作，精准程度较差，制作周期较长；加工力度小，削磨量较少，中介物质细，工具、中介物、玉料三者可以充分接触、研磨。所以古玉工艺多细腻自然，干净利落，线条顺畅，抛光均匀柔和。而新玉或伪古玉，多以高速运转的电机带动镶有人造金刚石粉的合金工具钻磨而成，现代工具效能高，磨削快，加工时间较短，但因仿古作伪者急功近利，技术不到位，玉器表面多会起热干磨出毛道，线条边缘会出现崩碴。玉器抛光不均且泛有“贼光”，大弧面上会出现“小坡面”。此外，在古玉嵌饰的背面以及窄长条状镂空处亦常能见到由细密、匀称、向外做离心推进的多条圆弧构成的半圆形磨砂砣痕，这是大多数现代伪古玉上所不多见的。

图 2-4 碧玉手串（古玉）

② 造型气韵。现代伪古玉的造型主要有三个来源：其一，依据真品，照章仿制，即根据公开发表的古玉图录或馆藏品仿制；其二，为主观臆想伪造；其三，是在照章仿制的基础上加以合理想象，在局部造型、纹饰上予以调整。可通过纹饰和造型鉴别部分仿古玉。

③ 玉料质地。和田玉是历代玉器制作最广泛使用的玉石材料，其次还有岫岩玉、独

山玉、绿松石、水晶等。但是不同的时期与地区所出古玉在用料特点上有明显的差异性，如战国时期常用的“水苍玉”以及元代多用的灰白玉。玉料亦有老坑和新坑之分，新开采的和田玉料与和田古玉在质地上多有微妙的区别，所以玉料质地特征也是鉴别真伪古玉的重要根据。

④ 包浆是鉴定古玉的重要依据之一。

⑤ 沁色。沁色是指玉器埋于地下年久之后，受到某种物质的侵蚀而发生的颜色和结构的变化。由于玉材质地不同，埋入土中的时间、地点不同，以及受沁的深浅程度不同，古玉沁色会有很多变化。

（3）新玉的辨别

① 看颜色。颜色是评估和田玉品质最重要的因素。颜色达到匀、阳、浓、正的和田玉为上品。“匀”是指均匀；“阳”是指色泽鲜明，给人以开朗、无郁结之感；“浓”是指颜色比较深；“正”是指没有其他杂色混在一起。

图 2-5　和田玉随形手串

② 看质地。和田玉是在高温和高压下形成的多晶体矿物，其组成晶体的晶粒大小会直接影响琢磨后的光滑程度、透明度及色调。因此，多晶体结构越细密，和田玉的质地就越好。

③ 看加工。和田玉被开采出来时和矿石一样，必须由经验丰富的专业工匠将石中的某些部分小心地切割出不同的饰物形状，然后进行加工打磨和雕琢，经抛光上蜡，才能到市场上出售。

④ 看裂纹。和田玉上的裂纹可能是原石自身带有的，也可能是在开采或加工期间造成的。有了裂纹后，无论其颜色、质地和透明度如何好，都会影响到它的价值。

2.1.2 保养与收藏

（1）避免与硬物碰撞

有很多佩玉的人，在磕碰了和田玉后，常会发现自己的和田玉毫发无伤。殊不知和田玉一旦受了碰撞便容易开裂，有时肉眼虽然看不出，但已经产生了微裂纹，这就大大损害了它的完美程度和经济价值。

图 2–6 新疆和田玉随形手串

（2）尽可能避免灰尘

玉器表面若有灰尘的话，宜用软毛刷清洁；若有污垢或油渍等附着于玉器表面，应以温的淡肥皂水洗刷，再用清水冲净。切忌使用化学除油剂。如果是雕刻十分精致的玉器，灰尘长期未得到清除，则可请生产玉器的专业工厂、公司清洗和保养。

（3）分门别类把玩，少与香水等化妆品接触

籽玉和古玉接触汗液、油脂后，会变得格外透亮莹润，所以不妨多多把玩，使之加速蜕变。但要注意的是，这一点并不适用于新玉器。新玉器若接触太多的汗液，外层就会受损，影响其原有的色泽，其中尤以羊脂玉雕琢的器物为最。羊脂玉若过多接触汗液，就容易变成淡黄色，失去原先白如羊脂的色泽。因此对于新玉器，只宜贴身佩戴，不可故意以汗手、油手磨蹭、把玩。

（4）佩挂件不用时要安放妥当

最好是放进首饰袋或首饰盒内，以免擦花或碰损。

图 2–7　新疆和田玉碧玉手串

（5）以干净、柔软的白布清洁，慎用染色布或硬的布料

擦拭和田玉首饰，只宜使用干净的白布，时常清洁油脂、尘埃、杂质或汗液有助于保养和维持和田玉的原质。

（6）和田玉玉器所处的环境要保持适宜的温度与湿度

在常温下保存和田玉，不可过冷、过热或过干，否则会对和田玉造成伤害，甚至影响到它的艺术价值和经济价值。

2.2 翡翠手串

翡翠（Jadeite），也称翡翠玉、翠玉、缅甸玉，是玉的一种。由于历史的原因，被称为“东方瑰宝”的翡翠经云南腾冲、瑞丽等边城输入我国，已有四五百年的历史了。翡翠的颜色丰富，其中绿色为上品。它原产地很少，其中缅甸是产量最高、品质最好的国家。俗话说“黄金有价玉无价”，翡翠是国人手中的宝，更是心中的宝。

翡翠俗称“缅甸玉”，是玉石的一种，也被称作玉石之王。因其丰富的色彩、通透的质地和稀有的产量，得到了越来越多人的喜爱。优质翡翠的价格居高不下，佩戴翡翠成了品味和财富的象征。翡翠除了有装饰佩戴的作用以外，还被当作一种投资和增值的手段。

图 2–8 翡翠串珠

2.2.1 挑选与鉴别

（1）翡翠的种和水

翡翠的种和水是两个概念，种又叫种头，是指翡翠的结构与构造；水又叫水头，是指翡翠的透明度和表面反光程度。其实水头是种头的外在表现，种头是水头的内在起源，一个是内在，一个是外在，两者是因果关系，也可以理解为统一体。

① 玻璃种。根据字面意思去理解，就是像玻璃一样透明。翡翠是多种矿物的集合体，不可能绝对纯净。玻璃种只是一种比喻，意思是其透明度和玻璃一样。有些翡翠里面含少量杂质，几乎完全透明，就可以划入玻璃种的范畴。将最纯净透明的玻璃种翡翠定为 100 分，那么 90 分之上的，都可以算玻璃种。

② 冰种。意思是像冰块一样透明的翡翠。冰块是透明的，但其透明度比玻璃略差，不是绝对纯净的，内部或多或少都有些结构。冰种翡翠内部也有些结构，可以称之为“棉”或者“冰碴”。冰种翡翠的透明度也非常好，属于高档翡翠，其价值仅次于玻璃种。

图 2—9　翡翠手串

③ 糯种。糯种翡翠也叫糯米种或糯化地，其透明度次于冰种，属于半透明状态，似透而非透，像煮得很稀的粥，或者淘米水，稍微有点浑浊，肉眼很难看见其结构内的颗粒。糯种翡翠比较常见，属于中档翡翠，但是也有些质地非常细腻的，会有“起胶”的效果，那便属于中高档翡翠。

④ 豆种。豆种是最常见的翡翠，有句行话说“十有九豆”，意思是 90% 的翡翠都是

豆种。豆种翡翠的晶体颗粒粗大，几乎没有透明度，石性比较重，通常用肉眼就可以看到其结构。大多数豆种翡翠的质量偏低，整体价格也不高，但其中也有高档货色，比如豆绿和白底青。

（2）翡翠的颜色

翡翠的价格主要由颜色和种水决定。翡翠的颜色丰富，据统计有上百种之多，常见的颜色可以归为以下几类：绿色、紫色、红色、黄色、黑色、白色和无色。各种颜色又因色调和浓度不同而有区别，这使得翡翠成为世界上颜色最丰富的玉石之一。

图 2-10　翡翠手链

① 绿色。绿色是最常见的翡翠颜色，也是价值最高的颜色。因其色调、浓度、均匀度不同而品种繁多。民间有“三十六水，七十二豆，一百零八蓝”之说，形容绿色变化多端。帝王绿、祖母绿、黄阳绿、晴水、翠绿、豆绿、油青、蓝水、墨绿、干青、花青，都是翡翠的色。不同的绿色，其价格相差非常大，以帝王绿、黄阳绿为最佳，油青或者色调偏灰的颜色则较差。

② 紫色。又称紫罗兰色。紫色翡翠结晶颗粒较大，质地较粗，能达到冰种的紫罗兰翡翠非常稀有，所以行内有“十椿九木”的说法。紫罗兰翡翠的种色很难兼得，种水好

的一般颜色较淡，颜色浓艳的质地又较差。值得注意的是，紫色对于环境特别敏感，在不同光线下的表现相差很大，所以在选购的时候一定要多注意观察。

③ 红色和黄色。常见的红黄翡质地都较差，不通透，玉质粗，杂质多，大多带有褐色调或者灰色调。红色与黄色都是中国人喜爱的颜色，所以种水较好的红黄翡，价值也是相当高的，比如颜色纯正的冰种黄翡。因为红色和黄色一般都在翡翠表皮，极易与其他颜色共存，所以有大量的俏色雕刻作品使用红黄翡料。

图 2–11 红翡手串

④ 黑色，俗称“墨翠”。墨翠是翡翠里面比较特殊的一种，与和田玉里的墨玉非常类似：看起来是黑色的，打灯透光看是绿色。墨翠并非纯黑色翡翠，而是颜色很深的绿色翡翠，由于绿色过度浓集而导致在外观上呈黑色。

⑤ 白色和无色。白色翡翠由较纯的硬玉矿物组成，不含致色元素，有瓷器的质感，也被称为瓷底。白色翡翠是其他颜色的载体，上面常常可见到其他的颜色，或者受其他颜色影响，其表现出偏绿、偏白、偏灰的白色。白色翡翠是最常见的翡翠，其价值较

低，常常用于制作装饰性翡翠。无色翡翠中的无色冰种、玻璃种，统称为“白玻璃”，这类翡翠种水非常好，纯净无瑕，晶莹剔透，有强烈的玻璃光泽，深受人们的喜爱。白玻璃是涨价较多的翡翠之一，逐渐成为收藏级翡翠里的主流。

2.2.2 保养与收藏

（1）翡翠手串的价值主要取决于以下几个方面

① 颜色。颜色要求纯正、浓艳、均匀、协调。天然翡翠的颜色多呈丝状、片状分布，很难达到均匀。如果手串的颜色达到通绿，即被视为高档品。

② 质地。质地又称粗细，是指翡翠晶体结构粗糙和细腻的程度。

③ 透明度。俗称“水头”，翡翠手串的透明度越高，价值越高。

④ A 货。A 货是指天然产生、未经物理或化学方法破坏其内部结构或注入（带出）物质的翡翠。而经过注胶的 B 货和经过染色的 C 货根本就不要购买和收藏。当然即使是 A 货翡翠，那些色不美、种不佳的低档 A 货翡翠同样没有收藏价值。

图 2-12 金丝种翡翠（A 货）

（2）翡翠手串的保养

其实对翡翠而言，最好的保养方法就是佩戴，所谓“人养玉，玉养人”就是这个道理。翡翠属于钠硅酸盐类宝石，长时间佩戴翡翠，人体汗液中的钠离子会慢慢渗透到翡翠结构中，时间一久，自然越戴越亮，越戴越透。具体注意事项如下：

① 切忌碰撞。碰撞重则当场断裂，轻则产生暗纹。

② 切忌高温。高温或者久晒都容易使翡翠产生物理变化，时间一长就会导致失水失泽，干裂失色。

③ 切忌油烟。做饭炒菜的时候尽量不要佩戴。

④ 切忌化学溶剂。洗澡的时候尽量不要佩戴。

2.3 碧玺手串

在中国，“碧玺”这个词语最早出现在清朝。“玺”字在中国指的是皇帝用的印鉴，据传慈禧太后非常喜欢西瓜碧玺，而且碧玺在清朝受欢迎的程度不下翡翠，当时垂帘听政的慈禧太后就把这种宝石命名为“碧玺”，以显示其尊贵。

图 2–13　糖果色碧玺手串

实际上，碧玺的矿物名称是电气石，按成分可分为三个系列：锂电气石、镁电气石和铁电气石。碧玺由于存在广泛的类质同象，致色元素可在一定范围内相互取代，使得碧玺的颜色多样，它是彩色宝石中色彩较丰富的宝石之一，颜色多达 15 种以上。

图 2-14　天然彩虹碧玺手串

2.3.1　挑选与鉴别

评价碧玺的价值主要从颜色、透明度、净度、切工、重量等几方面来考虑。

① 颜色。在单一的色种中，以大红、玫瑰红、绿色和天蓝色等艳丽色彩的碧玺为佳，粉红和黄色次之，无色最次。此外，单晶体色彩越多越好，如双色碧玺、三色碧玺等。

② 透明度。碧玺要求晶莹剔透，越透明质量越好，不要有明显雾感或不透明感。在

有些碧玺的晶体中，有很多针状包裹体呈猫眼效应，出现该效应的以绿色碧玺居多。凡是出现这种猫眼效应的碧玺，其价值就会有所增高，但评价的关键还是在于其颜色的鲜艳度、透明度以及块度大小。还有就是变色效应，变色明显的碧玺非常稀少，因此其价值很高，是收藏家们的收藏目标。

图 2–15　蓝碧玺手串

③ 净度。净度是指碧玺内部的杂质和瑕疵量的多少。碧玺内部的杂质和瑕疵越少，其价格就越高，而含有裂隙和气液包裹体的碧玺通常会被用作玉雕的材料。

④ 切工。切工应规整，比例对称，抛光好，否则将会影响价值。

图 2–16　碧玺手串

⑤ 重量。同等质量的碧玺，重量越大价格就越高。

2.3.2 保养与收藏

① 碧玺易碎，在运动或做粗重工作时，不要佩戴碧玺手串，以免碰撞造成不可补救的损失。

图 2–17 巴西碧玺手串

② 不要把碧玺手串与其他首饰放置于同一个屉盒内，以免互相摩擦导致磨损。因为碧玺的莫氏硬度在 7 ~ 7.5 之间，高于水晶，低于钻石和红宝石、蓝宝石，也就是说，如果和钻石放在一起，碧玺会被划伤，与水晶放在一起会把水晶划伤，影响饰品的美观度。

③ 不要长时间用热水清洗碧玺，温度过高有可能会让碧玺变色，故不可佩戴碧玺泡温泉。

图 2–18　碧玺金鱼手串

2.4 琥珀手串

在英文里，琥珀被称为 Amber，这个词语来自拉丁文 Ambrum，意思是“精髓”。琥珀是中生代白垩纪至新生代第三纪松柏科植物树脂，经地质石化作用而形成的有机混合物。

图 2–19 稀有的红蜜蜡手串

2.4.1 挑选与鉴别

（1）琥珀的分类

根据颜色、纹饰、密度的不同，琥珀主要可分为以下五大类。

① 蜜蜡。我国《系统宝石学》把蜜蜡划归于琥珀的一个品种。蜜蜡是半透明或不透明的琥珀，有各种颜色，其中金黄色、棕黄色、蛋黄色等黄色最为普遍。其有蜡状感，

光泽以蜡状光泽、树脂光泽为主，也有玻璃光泽。有时呈现出玛瑙一样的花纹。由于内部含有大量的气泡，当光线照射时，其中的气泡将光线散射，使其呈现不透明的黄色。蜜蜡和琥珀一样，戴久了会受人体温度影响，使琥珀酸减少，从而慢慢变得透明。

图 2—20　蜜蜡手串

② 血珀。天然血珀，顾名思义就是颜色像血的红色的琥珀，也称红琥珀或红珀，红色透明、色红如血者为上品。

图 2— 21　血珀手串

③ 金珀。金珀就是金色的透明琥珀，晶莹如水晶，透明是其最大的特点，其中以波兰金珀最为著名。明谢肇淛《五杂俎·物部四》记载："琥珀，血珀为上，金珀次之，蜡珀最下。"

图 2-22　金珀手串

④ 蓝珀。蓝珀相当罕见，价值极高，正常情况下，蓝珀看起来并不是蓝色的，而是棕色偏紫。在普通光线下转动，角度适当时，它会呈现蓝色，再变换角度时，蓝色又会消失，当主光源位于其后方时，它的蓝色最明显。但也有极少数的蓝珀本身就是蓝色。另外，含杂质较多的蓝珀蓝色更为明显。

图 2-23　蓝珀手串

⑤ 金包蜜、金绞蜜与金带蜜。指蜜蜡和琥珀的结合体，即部分透明金珀与部分蜜蜡（呈不透明状或半透明状）混在一起的琥珀，且根据蜜蜡在其中的状态不同取不同名字。比如一团蜜蜡被包裹在金珀的中间，那就是金包蜜。蜜蜡与金珀绞缠在一起，那就是金绞蜜。蜜蜡和金珀没有包在一起、也没绞在一起的状态就称金带蜜。其中金绞蜜数量最少，最为稀有。在金绞蜜中，金珀和白蜜绞缠是最多见的情况。

（2）琥珀手串的挑选与鉴别

① 盐水测试法。天然琥珀质地很轻，当把它放入水中时，会沉入水底。但将其放入盐水中，当盐的浓度大于 20% 时（1 份盐，4 份水），真琥珀就会慢慢浮起，而假琥珀则浮不起来。

图 2–24　花珀手串

② 眼观气泡。一般来说，琥珀的自然形状多不规则，形状规则的琥珀一般不是真货。琥珀在形成过程中必然经历一些使它不完美的过程，最终往往带有气泡、残片、裂纹。

③ 紫外线照射。将真琥珀放在验钞机下，它会发出荧光。

④ 闻味。真正的琥珀在摩擦时会有一点几乎闻不到的淡香味，或干脆闻不到气味。

当琥珀接近热针（烧热的铁针）时，会发出松香味。

⑤ 听音。琥珀手串放在手中轻轻揉动的时候，会发出一种很柔和的略带沉闷的声音，如果是塑料或树脂则声音会比较清脆。

图 2-25 抚顺琥珀手串

2.4.2 保养与收藏

① 正确清洗。琥珀如果长期外露搁置或者佩戴过久，就会沾染上灰尘或汗水，如果有意清洗，应采用加入中性清洁剂的温水浸泡，待浸泡一段时间后，用手轻轻搓净，取出后，用柔软的布料擦拭干净。完全干燥后，在表面滴上少量的橄榄油或茶油，轻轻擦拭，让油布满整个琥珀，擦拭一段时间后，用干布将多余油渍去除，琥珀即可恢复光泽。

② 检查保养。琥珀佩戴时间久了，表面会因氧化作用而失去光泽，遇到这种情况，不要用力清洗，而是应该使用棉布等柔软的物品包裹住琥珀，在其表面轻轻摩擦，直到微微发热，这种温热能使琥珀消失的光泽重新展现出来。

图 2–26　罗马尼亚黑琥珀手串

图 2–27　金珀手串

③ 避免高温。要尽量避免琥珀存放的环境有强烈的温度变化，琥珀比较容易脱水，不能放在干燥环境中，以免产生裂纹。最好让琥珀保持在一个适当而稳定的温度和湿度下，琥珀保养才能做到最佳。

④ 长期佩戴把玩。保养琥珀手串最好的方法，还是长期佩戴把玩。因为人体的油脂和温度有益于琥珀外表的美观，可以使其越戴越光亮。

图 2—28　缅甸净水级琥珀手串

2.5　水晶手串

水晶，主要化学成分是二氧化硅，纯净时形成无色透明的晶体，当含微量元素 Al、Fe 等时呈粉色、紫色、黄色、茶色等，经辐照，微量元素形成不同类型的色心，可产生不同的颜色，如紫色、黄色、茶色、粉色等。含伴生包裹体矿物的称为包裹体水晶，如发晶、绿幽灵、红兔毛等，内包物为金红石、电气石、阳起石、云母、绿泥石等。

图 2-29　红水晶手串

图 2-30　白水晶手串

2.5.1 挑选与鉴别

对水晶进行评价主要依据其颜色、透明度、大小、净度、特殊图案及是否有光学效应等方面。以颜色纯正、浓度较高、内部无瑕为好。种类上紫晶最贵，其次为黄晶、烟晶、无色水晶和芙蓉石。有特殊光学效应的水晶价格更高。

图 2–31 粉水晶手串

① 看选料。选料精良的水晶饰品，应看不到星点状、云雾状和絮状分布的气液包裹体。质地以纯净、光润、晶莹为好，如果发现有深浅不一的断裂纹、斑点，则属于次品。

② 看做工。做工好的水晶饰品应考究精细，不仅能充分展现出水晶制品的外在美（造型、款式、对称性等），而且能最大限度地挖掘其内在美（晶莹、俏色）。

图 2—32　茶晶手串

图 2—33　多棱切割随形手串

③ 看抛光。抛光的好坏直接影响到水晶饰品的价值高低。好的水晶制品透明度、光

泽都比较好。

④ 看孔眼。对于缀穿水晶饰品（如项链、手链、佛珠），要看孔眼是否平直、孔的粗细是否匀称、有无细小裂纹。孔壁必须清澈透明，无“白痕”。

图 2-34　极品发晶手串

⑤ 看颜色。即使在同一种类的水晶中，它的不同部位的纹理、色泽也各有千秋。属于单色的，要色度均匀；在同一块水晶上有深浅不一的颜色时，则要求其色调纹路美观大方。

⑥ 看协调。购买水晶手串时，应试戴一下，看其大小、松紧、长短等是否合适。

2.5.2　保养与收藏

① 佩戴水晶手串的时候，保养的时间十分的重要。如果天天戴着水晶，那么一个月要保养两次，如果不是经常佩戴，那么每两个月至少要保养一次才可以，这样水晶品质才不会下降。

图 2–35　福禄寿水晶手串

图 2–36　紫水晶手串

② 要注意水晶不要和化妆品放在一起，另外也不要和一些腐蚀性的物品放在一起。

图 2–37 银发晶手串

③ 水晶性脆，水晶项链和手串请轻拿轻放，勿重压，远离高温。

④ 不要让水晶接触含有化学成分的清洁剂及其他物品，在沐浴、洗脸、洗手、洗碗、游泳等情况下不要佩戴水晶手串。

2.6 绿松石手串

绿松石，又称“松石”，因形似松球、色近松绿而得名。绿松石因所含元素的不同，颜色也有差异，氧化物中含铜时呈蓝色，含铁时呈绿色。绿松石多呈天蓝色、淡蓝色、绿蓝色、绿色、带绿的苍白色。颜色均一、光泽柔和、无褐色铁线者质量最好。

色彩是影响绿松石质量的重要因素。绿松石制品颜色美丽，深受古今中外人们的喜爱。中国内地的绿松石加工制成的首饰品和工艺品，畅销世界各国，所有原料都是中国自产。

图 2-38 绿松石手串（一）

2.6.1 挑选与鉴别

① 看颜色。天然绿松石的颜色一般是呈天蓝色、浅蓝色等，最好的颜色是纯正的天蓝色。如果是挑选绿松石手串等饰品，要记住不要选有色差的，保持色调一致。

② 看品质。绿松石品种较多，品质跨度也大，品级最好的要数瓷松，但是达到瓷松级的绿松石非常少，所以价值比较高。

图 2-39 伊朗产瓷松手串

③ 辨真假。目前市面上很多绿松石都经过优化和处理，虽然品相很好，但是其价值远不及天然绿松石，因此要注意鉴别。

2.6.2 保养与收藏

① 切忌油污。大多数绿松石有孔，尽管在我国的传统工艺中，会给绿松石表面涂上一层石蜡，以增加绿松石的色泽，同时也起到了保护绿松石的作用，但在佩戴时仍应注意汗迹、油污等，另外，避免与化妆品和皮肤油脂过多接触，以免损坏宝石。

图 2-40 绿松石手串（二）

② 切忌高温。绿松石怕高温，不能直接火烤和阳光直射，以免褪色、炸裂、干裂。长时间的日光曝晒会使绿松石因失水而产生裂纹和褪色，过高温度的烘烤会使绿松石变脆易碎。

③ 切忌磕碰。绿松石莫氏硬度不大，在佩戴和保存时都应避免与其他莫氏硬度大的首饰或物品碰撞。

2.7 玛瑙手串

玛瑙属玉髓类矿物。古代印度人看到玛瑙的颜色和美丽的花纹很像马的脑子，就以为它是由马脑变成的石头，所以梵语称它为“马脑”。自佛经从印度传入中国后，“马脑”被巧妙地译成“玛瑙”。

“千种玛瑙万种玉”，玛瑙的种类有很多，中国自古视红玛瑙为正宗，古玩行中就有“玛瑙无红一世穷”的说法，西汉以前称玛瑙为“赤玉”或“赤琼”就是取“赤红”之意。古人曾用血色来比喻玛瑙之色，可谓形象之极。

图 2—41　清代南红玛瑙手串

2.7.1 挑选与鉴别

玛瑙收藏的门槛虽不高，但眼光一定要独到。市面上最具价值的红玛瑙当数南红玛瑙，产自云南和海南等地；白色玛瑙最好的种类是荔枝冻；而更稀少昂贵的当数水胆玛瑙，水胆玛瑙中具有封闭的空洞，内含水溶液，摇晃时有汩汩的水声，有些可以看到玛瑙中水流动的样子，具有极高的投资和收藏价值。

图 2—42　缠丝玛瑙手串

① 看同心层纹。天然玛瑙的横断面都有同心层纹结构，利用这个标志，整块玛瑙较容易识别，但是经切割后的制成品，由于没有整齐明显的图案，则容易认错。

② 看硬度。不管玛瑙是否经过切割，其莫氏硬度都较高，在 7 左右，也就是说，若用钢刀在玛瑙表面刻划，是刻划不出痕迹的，但用玛瑙在玻璃上刻划，玻璃上会有划痕。

图 2-43　黑玛瑙手串

③ 看摩擦。玛瑙手感凉，用玛瑙在硬杂木板上急速摩擦十几下，玛瑙不热，木板却发烫。有些不法商贩在假冒玛瑙的表面粘上一层薄薄的有机物，给人有蜡状光泽和手感的错觉，鉴别时要特别注意。

图 2-44　南红玛瑙手串

2.7.2 保养与收藏

人们对玛瑙质量和经济价值的评判，一般都是以肉眼识别作为主要手段，尽管现代科学技术发达，各种玉石鉴定仪器很多，但在交易过程中使用这些仪器很不方便，也不能解决问题，原因很简单，会受到环境的局限，尤其是判断玛瑙的优劣及经济价值时，那仪器就毫无用处了。玛瑙种类繁多，素有“千种玛瑙万种玉”之说，所以鉴别方法也很多，通常以纹带、颜色、透明度、裂纹、杂质、砂心和块重为分级标准，除水胆玛瑙最为珍贵外，一般以搭配和谐的俏色原料为佳品。

图 2—45　凉山南红玛瑙鼓珠手串

① 颜色。真玛瑙色泽鲜明光亮，假玛瑙的色和光泽均差一些，二者对比较为明显。天然红玛瑙颜色分明，条带十分明显，仔细观察，在红色条带处可见密集排列的细小红色斑点。用石料仿制的假玛瑙，多数在底部呈花瓣形花纹，称为“菊花底”；而染色蓝

玛瑙颜色艳丽、均一，但给人一种假的感觉。

图 2–46　染色玛瑙手串

② 质地。假玛瑙多为石料仿制，较真玛瑙质地软，用刀在假玛瑙上可划出痕迹，而真品则划不出。从表面上看，真玛瑙少有瑕疵，假玛瑙则较多。

③ 工艺质量。优质玛瑙的生产工艺严格且先进，故表面光亮度好，镶嵌牢固、周正，无划痕、裂纹。

图 2-47　玛瑙雕刻手串

④ 级别。水胆玛瑙是玛瑙中最为珍贵的品种，特征是玛瑙中有封闭的空洞，其中含有水。各种级别的玛瑙，都以红、蓝、紫、粉红为最好，并且要求透明、无杂质、无砂心、无裂纹。玛瑙石有自然色的，也有后加工染色的。自然色主要有红色、琥珀色和白色。其中，以红色为最好。

图 2-48　飘花荔枝冻手串（玛瑙）

2.8　青金石手串

青金石是一种不透明或半透明的蓝色、蓝紫色或蓝绿色的宝石。呈蓝色的青金石古器往往甚为珍贵。青金石是方钠石的蓝色变种，寓意平安健康。

青金石是古代东西方文化交流的见证之一。资料显示，青金石是通过“丝绸之路”从阿富汗传入中国的。

2.8.1　挑选与鉴别

青金石主要有四种：青金石、青金、催生石、金格浪。青金石手串以深蓝色、无裂纹、无杂质、质地细腻者为佳。青金石适合女性佩戴，小巧玲珑的金项链或其他首饰上穿上几颗青金石，别具风采。青金石也适合男性佩戴，男式礼服上配上深颜色的青金石饰物，更增添男士风度。佩戴青金石时远离高温过热环境，防止失色。青金石首饰脏污之后，绝不能用水浸泡和冲洗，以免表面的污垢向内部渗透，宜使用棉布擦拭。

图 2–49　黑加仑青金石手串

图 2–50　老坑青金石手串

① 不要总想着买纯蓝无金无白的。天然的青金石，大多会有一些杂质在里面，纯净无瑕的蓝色青金石很少见，即使有也是价值不菲的。当然，挑选的时候还是要对同等价位的进行比较，找出相对更蓝、更纯的。

② 带金星不一定就不好。青金石的金星也可以十分漂亮。喜欢带金星的朋友，可以挑选金星分布较为有序、发亮的青金石。当然，蓝色的衬托也是十分重要的，青金石越蓝，衬托金星越好看。

③ 大片白最忌讳。挑选青金石的时候不要太贪图便宜，而去挑选一些廉价的、白很多、看起来几乎是花的青金石，因为大片白会影响美观，而且价格几乎无上升空间。

图 2-51　阿富汗青金石手串（一）

④ 有裂纹一定不要。青金石相对其他玉石还是不易裂的。而有裂纹的青金石即使颜色、质地再好，其美观度和价值也是要大打折扣的。

图 2—52　青金石手串

2.8.2　保养与收藏

青金石的品质评价可以依据颜色、质地、裂纹、切工与做工和体积等方面进行：

① 颜色。青金石一般呈蓝色，其中又以蓝色调浓艳、纯正、均匀为最佳。如果颜色中交织有白石线或白斑，就会降低颜色的浓度、纯正度和均匀度，因此降低品质。

② 质地。质地致密、坚韧、细腻，含青金石矿物多，含其他杂质矿物少，这样的青金石为上品。

③ 裂纹。没有裂纹最好，微小裂纹次之，裂纹越明显则品质等级越低。

图 2-53　阿富汗青金石手串（二）

2.9　砗磲手串

砗磲是一种大型海产双壳类动物。砗磲（壳）是稀有的有机宝石，白皙如玉，亦是佛教圣物。砗磲一名始于汉代，因其外壳表面有一道道呈放射状之沟槽，状如古代车辙，故称车渠。后人因其坚硬如石，故在“车渠”旁加“石”字。砗磲、珍珠、珊瑚、琥珀在西方被誉为四大有机宝石。砗磲是佛教七宝之一。

图 2–54　砗磲手串（一）

2.9.1　砗磲手串的鉴定

① 看颜色。砗磲分白色、牙白色、透明料与棕黄色等几种，当然还有少见的紫色、粉色、紫红色乃至更为少见的血砗磲。砗磲外表光洁明亮，表面有珍珠光泽；假砗磲用白石或粉碎的贝壳粉、白石粉加胶压合而成，虽雪白无瑕，却白得呆板，表面抛光发亮不自然。

图 2-55 砗磲手串（二）

② 看质地。仔细观察纹路是否自然。假砗磲无天然的生长纹，放大镜下观察没有明显层状结构。

③ 看重量。可以试着用手去掂其重量，若是感觉非常重或太轻，则有可能为假砗磲。

2.9.2 砗磲手串的保养方法

① 在家里做家务或者是洗澡时一定记得先将砗磲取下，不要与其他的金属饰品碰撞，以免伤到砗磲。

图 2-56　108 颗砗磲手串

② 砗磲属于有机宝石，所以一定要避免酸碱的腐蚀，如果碰到此类物质或者被汗液浸湿时，应立即将其用清水洗净。

③ 一般砗磲的表面都经过打蜡处理，这一层蜡不用自己动手除去，只要佩戴一个星期左右，蜡就会脱落。

图 2–57　玉化砗磲手串

2.10　古法琉璃手串

琉璃，古代称为“瑠璃”“流离”，是在中国传统玻璃工艺基础上发展起来的特种工艺美术品。根据《广雅》和《韵集》的记载，在相当长的一段时间内，“琉璃”是用火烧的玻璃质珠子以及其他一些透明物质的统称，也称“料器”，以前常用来仿翡翠、玛瑙、碧玺等玉石。它还称为“古玻璃器”，但是又不同于现代的玻璃。

图 2-58　古法琉璃手串（一）

图 2-59　古法琉璃手串（二）

琉璃中的气泡是在琉璃原料煅烧过程中自然形成的，每个作品都有。在爱好琉璃的人眼里，琉璃不仅仅是一种产品，而是有生命的，这些气泡仿佛正说明了琉璃在呼吸。

老琉璃珠子因其形状大多是圆形，中间带孔，适合串联佩戴，很受大家喜爱。

图 2—60　老琉璃十八子手串

老琉璃它不仅仅是一种材质，也是一种古老的文化传承，更重要的是，琉璃产品是独一无二的，没有两个一模一样的琉璃产品。这是现代玻璃或仿水晶制品永远取代不了琉璃的原因。

图 2—61　清代仿碧玺琉璃手串

图 2—62　磨砂古法琉璃手串

2.11 朱砂手串

朱砂主要产于贵州省东部铜仁市的万山。朱砂石原名辰砂，因最早发现于湖南辰州（今沅陵）而得名，是炼汞的主要原料。万山的朱砂石，藏量丰富，品质特佳，颜色鲜红，颗粒硕大并伴有围岩，光彩照人，观赏性极佳，自唐代起列为贡品，千百年来，驰名天下。

图 2–63　朱砂《心经》手串

2.11.1 朱砂的功效

朱砂，又名赤丹，在我国已有数千年的使用历史。《本草纲目》中有大量使用朱砂（丹砂）的记录。《雷公炮制药性解》中对丹砂有如下描述："味甘，生者微寒无毒，炼者大热有毒，入心经，主镇心安神，益气明目，通血脉，除烦懑，止消渴，疗百病，杀精祟鬼邪，祛疥疮癣虫"。据现代临床实践证明，朱砂有安神解毒的功效，可内服、外用。

图 2-64 朱砂貔貅手串

朱砂常被做成佛珠、念珠，用以持佛念经时使用，是礼佛之人必备的吉祥物。

根据朱砂所具有的传统寓意，特将朱砂制成各种饰品，其通红亮眼，精美异常。

图 2-65　朱砂莲花手串

朱砂在变成气态汞之前，对人体无害。朱砂的主要成分是硫化汞，不挥发，基本不溶于水，毒性很低。皮肤接触，只要不过敏就没问题。它有解毒防腐的功用，外用能抑制或杀灭皮肤上的细菌和寄生虫。

现在社会上还有用朱砂泡茶喝的，但不推荐。一般佩戴朱砂手链时尽量不要让其接触到嘴，这样就不会引起中毒。

图 2-66　朱砂配金箔串珠

2.11.2 朱砂的鉴定

① 药检化验法。这是正规可靠的方法。凡有条件的地方均可用此法。

② 简易化学检验法。其一，取少许朱砂粉末加盐酸浸湿，用铜片摩擦，铜片就会变为银白色，再将铜片加热，就又恢复铜片原来颜色，即可判断此朱砂为真货，否则就是假货。其二，取少许朱砂粉末直接往铝片上摩擦，等一分钟后，铝片上长出 1 ~ 5 毫米长的“白毛”，即可判断此为真货，假货则无此反应。

图 2-67　108 颗朱砂手串

2.12　珍珠手串

珍珠是一种古老的有机宝石，主要产在珍珠贝类和珠母贝类软体动物体内，是贝类内分泌作用而生成的含碳酸钙的矿物（文石）珠粒，是由大量微小的文石晶体集合而成的。珍珠种类丰富，形状各异，色彩斑斓。根据地质学和考古学的研究证明，在两亿年前，地球上就已经有了珍珠。具有瑰丽色彩和高雅气质的珍珠，象征着健康、纯洁、富有和幸福，自古以来为人们所喜爱。

图 2—68 淡水珍珠手串

2.12.1 挑选与鉴别

天然珍珠呈圆球形、椭圆形、不规则的球形或长圆形，直径 1 ~ 15 毫米。表面为白色、黄白色、浅粉红色、浅蓝色、金色等，具有美丽的珍珠光泽，表面平滑。作为装饰品的珍珠，中央多数有穿孔。珍珠质坚硬，难破碎，断面呈层状。

由于天然珍珠产量少，价格贵，远不能满足人们的需求，故出现了人工养殖珍珠（养珠）。养殖珍珠又有海水珠和淡水珠之分。养殖珍珠因生长条件不同，而与天然珍珠有以下区别：

① 结构不同。养珠的内核是人工制作的较大的贝壳圆珠，外面的包裹层薄（一般为 0.5 ~ 2 毫米）；天然珠的内核则是细小的砂粒或寄生虫等物，它的外层可一直延至中心附近。如能剖开观察，不难区别。

② 形状不同。天然珠因核中异物很少滚动，故其外形圆度差；养珠核圆，故成珠后圆度较好。

图 2-69　珍珠手串

③ 皮色不同。天然珠质地细腻，光泽柔和，较透明；养珠则因成珠时间短，故质地较粗糙，光泽欠佳，透明度差。

养殖珍珠形状与天然珍珠相似，但表面光泽较弱，断面中央有圆形的砂粒或蚌壳碎粒，表面有一薄层的真珠层。入药仅用真珠层。气无，味微咸。不过合浦生态珍珠的出现大大提高了养珠的质量。

2.12.2 保养与收藏

珍珠手串拥有无与伦比的美丽，很多朋友都会佩戴自己独特的珍珠首饰。不过，由于珍珠自身的各种性质，在佩戴的过程中有很多需要注意的地方。

首先，虽说珍珠和水有着密不可分的关系，但是珍珠首饰是怕水的，所以不论是游泳、洗澡还是运动，都不要佩戴珍珠首饰，因为水分如果渗透到珍珠首饰中，会引起珍珠珠层的脱离，损害珍珠。

其次，珍珠首饰特别怕酸碱，所以建议不要佩戴珍珠首饰下厨房，也不要佩戴珍珠首饰化妆，千万不要让珍珠首饰接触香水、指甲油等。珍珠较软，所以珍珠首饰怕硬物，千万不要将珍珠首饰和一些尖锐的物体放置在一起，以免产生刮痕。

最后，珍珠首饰特别怕热，过高的温度会加速珍珠质的分解，所以千万不要暴晒珍珠首饰，存放的时候要用干净的软布包裹。

2.13 舒俱来石手串

舒俱来石，被誉为“千禧之石”，也是公历 2 月份的生辰幸运石，为 20 世纪 60 年代一位日本地质学家发现的新种类矿石，产地仅有南非、日本和美国，称得上是稀有的宝石，又称南非国宝。舒俱来石外观呈各种不透明的深浅紫色与紫红色交织状，有时甚至深至黑色，其颜色容易因为长久佩戴而加深。

舒俱来石难以与紫龙晶区分。其实，二者的最大区别是花纹。紫龙晶的花纹呈条状，类似龙纹，而舒俱来石的条纹呈块状，多为樱花花瓣的形状。

图 2-70　舒俱来石手串（一）

图 2-71　舒俱来石手串（二）

2.14 红珊瑚手串

红珊瑚 (Red Coral)，属有机宝石，色泽喜人，质地莹润，生长于深度为 100 ~ 2000 米的深海中。与珍珠、琥珀并列为三大有机宝石，自古即被视为富贵祥瑞之物。

天然红珊瑚是由珊瑚虫堆积而成，生长极缓慢，不可再生，而红珊瑚只生长在几个地方 (中国台湾海峡、日本附近海域、波罗的海、地中海)，受到海域的限制，所以红珊瑚极为珍贵。红珊瑚制成的饰品，极受收藏者的喜爱，并且精品红珊瑚增值十分迅速，被收藏界人士所看重。

图 2–72　红珊瑚 108 颗手串

2.14.1 挑选与鉴别

红珊瑚的鉴别要点如下：

① 看纹理。红珊瑚都有着平行于珊瑚生长方向的纵纹，且排布较为紧密，红珊瑚的横截面上有像树的年轮一样的环纹。在肉眼鉴别时要注意看这两种纹理。

② 看颜色。红珊瑚的颜色是一种鲜活生动的红色，不管是浅是深，它都有活力，不郁结。且红珊瑚带有明亮的蜡质光泽，而染色的红珊瑚没有光泽，颜色也郁结死沉。

图 2–73　红珊瑚手串

③ 听声音。真的珊瑚在相互碰撞时有清脆的声音。一般塑料或其他材料仿造的珊瑚不会出现这种清脆的声音。这在枝状的珊瑚上体现得尤为明显。

④ 掂重量。珊瑚有着不错的分量感，一般放在手心会给人以沉重感，这种分量也是鉴别红珊瑚与一些低劣仿冒品的依据之一。

⑤ 天然珊瑚和染色珊瑚的鉴别。染色珊瑚通常是用有机染料将白珊瑚染成红色或其他颜色，鉴别特征是染料在裂缝中富集，并且外部色深、内部色浅，表里不一，用蘸丙酮的棉签擦拭，棉签会被染色。

⑥ 天然珊瑚和仿品的鉴别。珊瑚仿品有染色的大理岩、红色玻璃、红色塑料、用方解石粉末加染料做的“吉尔森珊瑚”等。这些仿品都不具备天然红珊瑚的内部构造，仔细看纹路就可辨别。染色大理岩具有颗粒状结构，染料在矿物颗粒里富集，用丙酮测试可得出答案；红色玻璃仿珊瑚可做得很相似，偶尔会见到气泡，从莫氏硬度上来看，玻璃大于珊瑚，而且与盐酸不起反应；红色塑料的密度小，一般在 1.55g/cm^3 以下，加热

有异味，与盐酸不起反应；吉尔森珊瑚的密度是 $2.45g/cm^3$。

2.14.2 收藏与保养

① 避免重击、碰撞，以免损坏红珊瑚。

图 2-74　清代红珊瑚手串

② 避免接触化学物品、酸性或碱性液体及香水等。

③ 每次使用后用软布擦拭，妥善保管。

④ 经常用清水清洗。

⑤ 经常佩戴珊瑚首饰。

2.15 红纹石手串

红纹石又称印加玫瑰、阿根廷石，主要产地在阿根廷，被选为阿根廷的国石。其矿物学名称为菱锰矿（Rhodochrosite），名字来源于希腊语“Rhodon”和“Chrosis”，意为其颜色为玫瑰色，以象征它特殊的色彩。

图 2-75 阿根廷红纹石手串

红纹石化学成分为 $MnCO_3$，三方晶系，莫氏硬度为 3 ~ 5，密度 3.60g/cm^3 左右，玻璃光泽，透明至半透明。红纹石呈粉红色，通常在粉红底色上可有白色、灰色、褐色或黄色的条纹，透明晶体可呈深红色。菱锰矿的色泽来自其基本组成之一——锰离子，呈现或深或浅的粉红色调。

鉴别天然红纹石手串主要有以下几种方法：

① 看颜色。优质的红纹石手串珠子色泽华丽，而仿制的红纹石手串珠子缺乏光泽，色泽泛白，美观度不高。因此，大家在挑选红纹石手串时，应优先选择色泽华丽的红纹石手串。

图 2-76　红纹石手串（一）

② 看条纹。观察红纹石手串，是否带有乳白色条纹。除了冰种红纹石手串之外，其他的红纹石手串都会看到乳白色的条纹。如果在红纹石手串上看不到乳白色条纹，很可能是仿冒品，需认真鉴别。

③ 看光泽。在挑选红纹石手串时，应优先选择光泽饱满的红纹石手串。将真的红纹石手串放置在微弱光线下观察，依然会看到饱满的光泽；如果是仿冒的红纹石手串，在微弱光线下观看，光泽则呆滞或者消失。

④ 试重量。天然红纹石密度较大，可以据此鉴别。

⑤ 盐酸检验法。用盐酸也可以判别出红纹石手串的真假，真的红纹石手串遇盐酸会

起泡，而仿制的红纹石手串与盐酸不会气泡。这种盐酸检验法虽有效，但是需慎用。

图 2-77　红纹石手串（二）

2.16　石榴石手串

石榴石是一个复杂的矿物族，其成员都有一个共同的结晶习性及稍有差异的化学成分。根据成分可将自然界产出的石榴石分为两大类：一类是铝系石榴石，包括镁铝榴石（$Mg_3Al_2[SiO_4]_3$）、铁铝榴石（$Fe_3Al_2[SiO_4]_3$）和锰铝榴石（$Mn_3Al_2[SiO_4]_3$）；另一类是钙系石榴石，包括钙铝榴石（$Ca_3Al_2[SiO_4]_3$）、钙铁榴石（$Ca_3Fe_2[SiO_4]_3$）和钙铬榴石（$Ca_3Cr_2[SiO_4]_3$）。

图 2–78　石榴石手串（一）

我国珠宝界，石榴石的工艺名为“紫牙乌”。“牙乌（雅姑）”源自阿拉伯语“Yakut”（红宝石），又因石榴石常呈紫红色，故名紫牙乌。

数千年来，石榴石被认为是信仰、坚贞和纯朴的象征。人们愿意拥有、佩戴并崇拜它，不仅是因为它的美学装饰价值，更重要的是因为它有着美好的寓意，并具有重要的纪念功能。现今，石榴石作为 1 月诞生石，象征着忠实、友爱和贞洁。

图 2–79　石榴石手串（二）

红色石榴石易与红宝石、红色碧玺、红色锆石、红色尖晶石、红色绿柱石等红色系列宝石相混，在所有天然红色系列宝石中，红色石榴石的价值是最低的。因此，不会出现用这些天然品来冒充红色石榴石的情况。上述红色宝石除红色尖晶石外，大都具二色性、双折射，因而用二色镜和偏光镜很容易将它们区别开来。市场上有可能冒充红色石榴石者是廉价的人工合成红色尖晶石和红色玻璃，红色玻璃可见气泡，手接触有温感等，很容易鉴定。

图 2–80　红色石榴石手串

对于绿色石榴石品种的铬钒钙铝榴石（沙弗莱石）和翠榴石而言，其鉴别要比红色石榴石困难得多。绿色的石榴石价格昂贵，用其他低档品来冒充的概率很大，但注意下列几点，一般可以克服被仿冒的问题，并能对绿色的石榴石作出比较正确的判断。

① 在翠榴石中，会有成束状或放射状的石棉纤维包裹体，俗称“马尾状”包裹体。一般在 10 倍放大镜下就能看到，这是翠榴石所特有的，只要发现这种包裹体，就可以确定该宝石是翠榴石。

② 铬钒钙铝榴石和翠榴石在查尔斯滤色镜下呈红色。根据这一特点，可以将铬钒钙铝榴石和翠榴石与很多仿冒品区别开来，如绿色电气石、绿色蓝宝石、绿色玻璃等，后者在查尔斯滤色镜下呈黄绿色。

③ 绿色的石榴石是均质体，这一点可以和与之最为相似的祖母绿、绿色锆石等相区别。

黄色石榴石者易与黄色托帕石、黄水晶、黄色绿柱石和金绿宝石等相混，但只要测定它们的折射率和相对密度，并注意石榴石属光性均质体，就不难加以鉴别。

图 2—81　石榴石手串（三）

选购石榴石宝石，需要特别强调的是不同颜色的石榴石，其价格相差极为悬殊。绿色的石榴石（翠榴石、铬钒钙铝榴石）价格明显高于红色的石榴石。

在选择石榴石手串时，不论是圆珠、刻面形珠和随形珠，都要看珠子的颜色、透明度、做工、瑕疵和裂纹程度。从做工的角度，还要仔细观察珠子的圆度、刻面的对称度、抛光度和孔眼。颜色相同，做工好，孔眼大小一致，珠径越大，价值越高。

2.17 黑曜石手串

黑曜石（英文名 Obsidian）是一种常见的黑色宝石、火山晶体，又称“龙晶”“十胜石”，主要成分为二氧化硅，通常呈黑色。黑曜石可加工成工艺品。

图 2–82 黑曜石手串（一）

鉴别黑曜石主要方法有：

① 黑曜石最重要的特征是“彩虹眼”，每颗黑曜石的彩虹眼都不相同，这是天然的，没有办法仿造，因为黑曜石本身并不昂贵，所以也没有必要去仿造。

② 黑曜石中常常会有很多小的气泡包裹体，并且内部呈流动构造。如果用强光手电照射黑曜石，你会发现黑曜石的颜色不是黑色，而是深褐色或深褐黄色，这时就能判断是不是黑曜石了。

③ 黑曜石是属于水晶类的，你可以用舌头试一下它的温度，比玻璃要凉很多。

图 2—83　黑曜石手串（二）

2.18　金丝玉手串

金丝玉（石英岩）是产于中国古丝绸之路新疆的戈壁滩、沙漠等地域的珍贵玉石品种，以黄、红、白色为主，具有极大的升值潜力。金丝玉主要产于经过河流长距离搬运的次生矿床中。金丝玉经雕刻后具有很高的观赏、收藏价值，是我国独有的品种。新疆“金丝玉”具备宝石共有的性质。

图 2-84 金丝玉串珠

2013 年 10 月 10 日新疆金丝玉地方标准正式发布。2014 年 7 月新疆克拉玛依市被命名为“中国金丝玉之城”。2016 年 5 月 6 日，金丝玉正式通过国家规定的玉石标准，并有了一个学术名称“石英岩玉”。

金丝玉收藏保养注意事项：

① 金丝玉勿与硬物撞碰。金丝玉受碰撞后很容易破裂，有时肉眼虽看不出裂纹，但产生了暗裂纹，日久天长就会显露出来，大大损害金丝玉的完美性和收藏价值。

② 尽可能避免金丝玉沾染灰尘、油污。金丝玉玉雕件表面如有灰尘，宜用软毛刷清洁；金丝玉如有污垢或油渍等附着于表面，可用温淡的肥皂水刷洗，再用清水洗净，切忌使用化学除油剂。对于严重污染的高档金丝玉和极品“宝石光”可到生产、清洁玉器

的专业公司用专业设备清洗保养。

图 2—85　金丝玉手串

③ 金丝玉佩挂件不用时要放妥，最好放进首饰袋或首饰盒内，以免碰伤、划伤。

④ 避免与香水、化学药剂、肥皂或人体汗液接触。

2.19　天河石手串

天河石，又称亚马逊石（Amazonite）。天河石是微斜长石的亮绿到亮蓝绿色的变种，呈蓝色或蓝绿色，半透明至微透明，与翡翠相似。天河石产在火山岩中，它属于长石矿物中的一种，为含钾铝硅酸盐。天河石具有格子色斑，且闪光，这是由于它独特的双晶结构引起的，这是它与翡翠的根本区别。

图 2–86　天河石手串

天河石产地分布很广。在我国境内的四川、江苏或者是云南等地都有天河石产出。在国外，比如巴西、美国、加拿大等国家也盛产天河石。天河石一般用来做成雕刻品，其颜色纯正，质地明亮，再加上透明度也还不错，所以也很受人的喜欢。

2.20　虎眼石手串

虎眼石 (Tiger's eye)，又称虎睛石，是印度人的圣石。因形态和颜色似老虎眼睛，所以叫虎眼石，多呈黄棕色，带有仿丝质的光纹，外形霸气，所以多为男士所喜爱。

虎眼石是一种木变石，颜色最常见的有红色、黄色、蓝色三种，目前在水晶市场上，我们所能看到的是黄色虎眼石较多，价格也是根据虎眼石质量的好坏来定的。

图 2–87　虎眼石手串

第 3 章

木质类手串的鉴赏与收藏

3.1 黄花梨手串

黄花梨为豆科植物，学名降香黄檀木，又称海南黄檀木、海南黄花梨木。因其成材缓慢、木质坚实、花纹漂亮，与紫檀木、鸡翅木、铁力木并称中国古代四大名木。黄花梨木由于其木性极为稳定，不管寒暑都不变形、不开裂、不弯曲，有一定的韧性，所以是做各种异形家具的首选木材。同时，黄花梨虽然生长速度快，但是能用于家具制作的心材的成长相当缓慢，十年内的树几乎看不到有心材，随着树木的生长，心材慢慢变大，能做器具的树，基本上要生长四五十年以上，所以黄花梨木异常珍贵。

3.1.1 海南黄花梨的鉴别

① 香味。海南黄花梨（海黄）具有降香黄檀木这个树种独特的香味。海黄的香味并不像沉香那样浓郁而且香味持久，只有新切面或者封严的杯子、罐子才容易闻到；一旦新切面暴露在空气中，香味就会慢慢淡去，直到刮开新的表面才会散发出来。此外，即便在雨天或者潮湿的天气，海黄也会散发出悠悠降香。当然，也有千年难遇的老料，这样的老料做出来的器物，哪怕上蜡也难以封住它的香味，而且非常醇香。

图 3-1　黄花梨手串（一）

② 花纹。海黄除了香味外，花纹也能令人陶醉。海黄的花纹有千奇百怪的“鬼脸”，有密密麻麻的“鬼眼”，也有像“虎皮”一样的纹路。新玩家往往凭这些概念来判断海黄的真假与好坏。其实，海黄的花纹有许多种形式，不是所有的海黄都有“鬼脸”和“鬼眼”。海黄的花纹有粗有细，但都很清晰，不显乱，有流线的，有弯曲的，甚至有直的；颜色以黑线花纹居多，偶尔也能见到深褐色或红线花纹，这一种多为海南东部的黄花梨；细花纹木料的颜色与材质颜色往往色差不大，粗花纹木料的花纹颜色跟材质颜色色差明显，整体颜色又非常好看，这一种多为海南西部的油梨。这里要提醒大家的是，并不是所有的海黄都有漂亮的花纹，许多老料大料、老料的边角料做出来的东西就没有什么花纹，却依然有很高的价值。

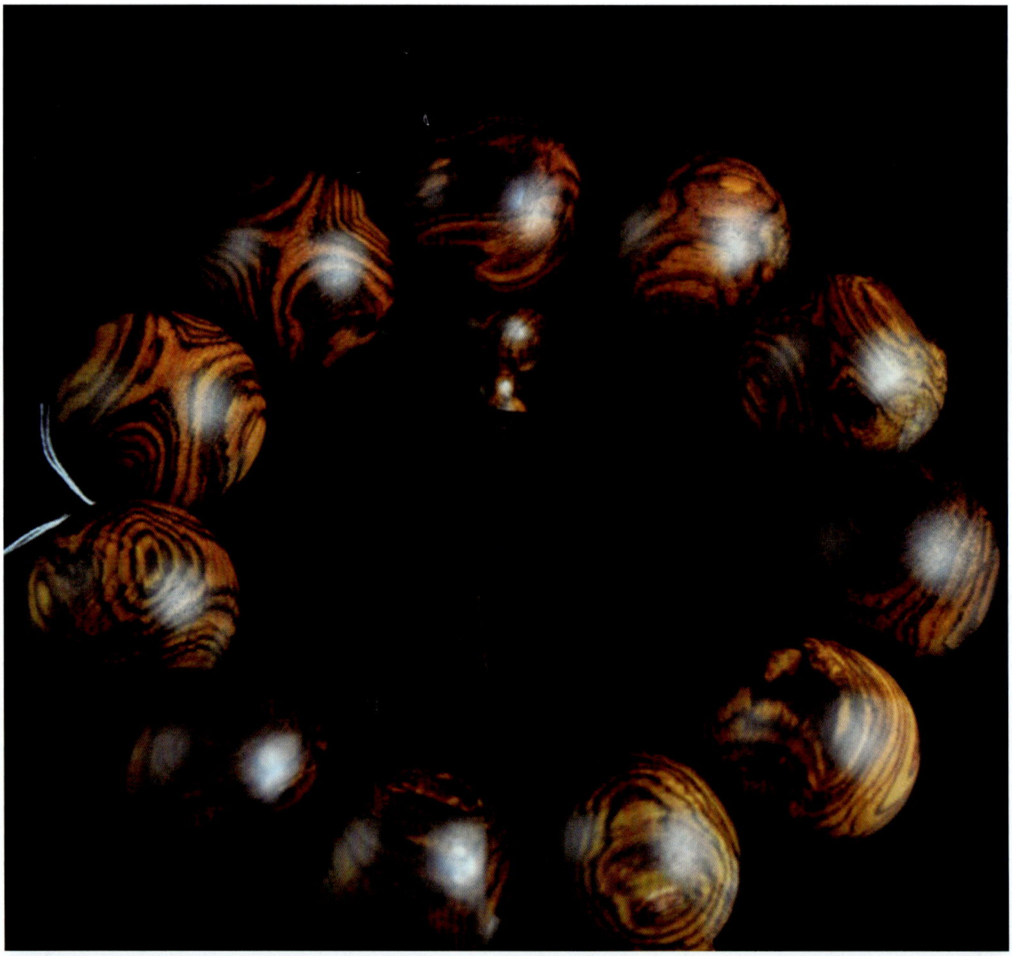

图 3-2　海南黄花梨手串

③ 材质。材质也是海黄跟越南黄花梨（越黄）较大的区别所在，大家所能接触到的绝大部分海南黄花梨材质表面都能比较容易打磨出荧光，扫蜡后具有荧光感、半透明琥珀质感，而少数长期泡水的海黄根料或杆料会出现像越南黄花梨一样的材质表面，光打磨不上蜡反而要好看得多。海黄打磨后，表面毛孔较少，甚至没有毛孔，反光感很强；越黄就毛孔较粗，看起来材质有些疏松，感觉吸光，上蜡后二者对比就更加明显。

3.1.2 越南黄花梨的鉴别

① 颜色。以浅黄色为多，并杂有紫药水色，极少部分为紫红褐色。

② 纹理。红褐色纹理或咖啡色条纹相杂。

③ 气味。新切面有酸香气味。

④ 手感。油性会比海黄略差一点。

图 3-3 越南黄花梨手串

3.1.3 黄花梨手串的盘玩与保养

① 用搓澡巾用力搓表面。作用其实是清洁表面的蜡层和脏色，以及进行再抛光。

② 用柔软的棉布盘搓一个星期也算是抛光。这时串珠表面会有痕迹，这都是正常现象，一个星期后痕迹颜色会变淡。

③ 自然放置一个星期。让手串自然干燥，同时表面均匀地和空气接触形成细密均匀的氧化保护层。

④ 开始正式上手盘玩。

⑤ 盘玩后的黄花梨手串就可以戴上或经常把玩，但都得注意防水、高温、蒸汽等。海南黄花梨本身油性足，即使放置不戴也没必要上油。

图 3-4 黄花梨手串（二）

3.2 沉香手串

沉香，又名沉水香、水沉香，古语写作“沈香”。古来常说的“沉檀龙麝”之“沉”，就是指沉香。其木材与树脂可供细工用材及作为薰香料。其脂膏凝结为块，入水能沉，故称“沉香”。沉香香品高雅，而且十分难得，自古以来就被列为众香之首。与檀香不同，沉香并不是一种木材，而是一类特殊的香树（如白木香）“结”出的、混合了树脂成分和木质成分的固态凝聚物。而这类香树的木材本身并无特殊的香味，而且木质较为松软。

图 3-5　108 颗沉香手串

3.2.1 挑选与鉴别

下面就给大家介绍一些简单易行的分辨方法：

① 看。一般沉香是黑褐色的，生则色如墨、熟则重如金，奇楠（沉香的一种）坚如金、润如玉、香如蜜。反之就是假货了。

图 3–6 沉香手串（一）

② 闻。这是最重要的鉴别手段，一般沉香的味道刚开始闻觉得像某种熟悉的药味。

③ 摸。真正的沉香是越戴越黑亮的。二级品水沉香看起来好似有层油，但摸着不脏手，手也不会油。如果是假货，则手上会留下印记。现在市场上也有用杂木泡药水、泡香油做成的假沉香，所以鉴别时沉水不一定说明是真货。

图 3–7　沉香手串（二）

图 3–8　加里曼丹沉香手串

④ 烧。利用以上三种方法还没法辨别真假的话，那我们可以用明火直烧的方法去闻它的味道，或用电熏香炉取其小片直接熏闻，真沉香味道是香醇单一的，假沉香往往带有化学香精味或者是比较混浊的非沉香味。此方法慎用。

3.2.2 保养与收藏

外观上沉香手串可能比不过那些宝石手串，可是熟悉药理的人都明白，佩戴沉香手串的好处是其他手串不可比拟的。因此现在越来越多的人喜爱佩戴沉香手串。如何保养沉香手串呢？主要有以下几点：

图 3–9　马来西亚沉香手串

① 防串味。沉香手串有怡人的香味，这一点与别的檀木手串不同。香味是鉴定沉香手串的标志之一，因此在平常的时候应该注意保养沉香手串，如若不然，沉香手串的香味就会减弱。平时不戴的时候，应该单独对其进行密封和保养。

② 防高温。沉香手串不应放在暖气等附近，这是因为沉香的化学成分是树脂，熔点低，如果接触高温时间久了，就会对沉香手串的质量造成影响。

③ 防侵蚀。不要把沉香手串与肥皂、洗发液等放在一起，洗澡的时候应该摘下手串。

3.3 紫檀木手串

紫檀，俗称“小叶檀”，它的全称是“檀香紫檀木”，紫檀是世界上极名贵的木材之一，主要产于马来群岛的热带地区，其次是越南。《本草纲目》中说，紫檀有镇心、安神、舒筋活血、消炎止痛等功效。

图 3—10 金星小叶紫檀手串

3.3.1 挑选与鉴别

“木分花梨紫檀”，紫檀越来越多地走进普通民众的视野。紫檀的鉴别主要根据它的特点来进行。

① 看。即察看紫檀木的颜色及纹理特征。真正的印度小叶紫檀，一开始颜色通常为

紫红色，经上手之后，颜色才逐渐变深。与非洲大叶紫檀相比，小叶紫檀紫有花纹，光泽油润，而非洲大叶紫檀则是紫黑一片，没有光泽。小叶紫檀木纹不明显，有的几乎看不出纹理，大叶紫檀则纹理较粗，颜色较浅些的打磨后会有明显木线，即出现棕眼。大叶紫檀通常纤维较粗，干燥收缩后，会出现由于机体收缩不同所形成的间隙，即人们俗称的“牛毛纹”。

② 掂。由于紫檀质地细密，密度较大，因此可用手掂试物件，看其是否达到紫檀木（该体积应该达到）的重量。当然这种方式要靠自己长期积累经验不断摸索才行。

③ 闻。即用小刀轻轻刮一刮木渣，闻一闻木屑的气味。通常小叶紫檀会散发微香，如果木屑香味过浓，或者毫无香气，就应该慎重购买。

图 3–11　紫檀手串的牛毛纹

④ 泡。即从木头上刮下一点木屑或粉末，浸泡在白酒或者瓶装水中。真紫檀浸泡的液体，不仅会呈现出一道道红色的丝条，而且还泛有荧光。另外，也有人用酒精棉球在被试木料的表面轻轻擦拭，如果棉球呈紫红色，就是紫檀。通常老紫檀浸水不掉色，涂上颜色一擦就掉；而新紫檀浸水后会掉色，涂上颜色也轻易擦不掉。

⑤ 敲。根据紫檀木经敲击发出声音的状况，来判断紫檀的真伪。用正宗的紫檀木

块，最好是“紫檀镇尺”，轻轻敲击紫檀物件，听其声音如何，紫檀木的敲击声清脆悦耳，没有杂音。

图 3-12　鸡血红小叶紫檀手串

3.3.2　保养与收藏

买到紫檀手串之后，还要重点注意盘法和保养，盘法错误的话可能会影响手串的品相。有些人买到手串后直接上手盘玩，想用手上的油脂让其产生包浆，其实这是错误的，这样形成的包浆只会是黑漆漆的一片，甚至都算不上包浆，只会影响小叶紫檀手串

图 3–13　印度小叶紫檀手串

的品相。对于紫檀手串来说，其保养非常关键，由于上油会使紫檀串珠的色彩加深，因此，除非特别偏爱深色，一般不要轻易上油。质地优良的木材，一般都具有天然油性，而且人手上渗出的油脂，也会使串珠的色彩变深。

紫檀手串的盘玩方法：

① 要先把珠子表面的脏物以及蜡层擦去，用搓澡巾即可，每天两三个小时，坚持两天即可。

② 再用柔软的棉布盘搓一个星期。如果搓小叶紫檀手串，软布表面会有红色的痕迹，这是正常现象，不会影响紫檀手串的质量。

③ 再自然放置一个星期。小叶紫檀手串很容易被氧化，珠子自然干燥时会形成一层氧化膜。这其实可以保护紫檀，防止继续被氧化。氧化过程就是在自然放置时发生的。

图 3–14 紫檀串珠

④ 开始用手盘。手的卫生要求是很高的，必须清洁干爽，如果有汗，要戴纱布手套。一天可以盘 30 分钟左右，一共盘一到两个星期，这时你会发现，干手盘珠子有一种粘阻感，这说明珠子表面形成了一层薄薄的包浆。

⑤ 形成包浆以后，就是等待包浆的硬化了，大约自然放置一星期即可。经过 3 个月的盘玩，一串紫檀手串就会包浆灿然，莹润可爱。

3.3.3 大叶紫檀和小叶紫檀的区别

大叶紫檀，这是红木家具市场上一些企业和个人对这种木材的别称，可能是为了提高这种木材的身价。经中国林科院鉴定，这种木材植物学分类名称为卢氏黑黄檀（也属于红木）。在《红木》国家标准中属黑酸枝木类（不属于紫檀木类），木材产地为非洲马达加斯加。其心材新切面呈橘红色，久转为深紫色，有一股酸香气，酷似紫檀，但其纹理粗，弦切面上带状条纹明显且宽，管孔形成的牛毛纹长、直、粗、多，显得木材比紫檀木粗糙。市场上的价格仅约为小叶紫檀的十四分之一。由于小叶紫檀价格昂贵，不法商家常用这种大叶紫檀冒充小叶紫檀坑骗消费者。

图 3—15 小叶紫檀手串

从以下几方面区分印度小叶紫檀与卢氏黑黄檀（别称大叶紫檀）：

（1）香气

印度小叶紫檀：无或清香气微弱。

卢氏黑黄檀：酸香味。

（2）重量

印度小叶紫檀：沉于水。

卢氏黑黄檀：不沉于水，密度 $< 1g/cm^3$ 者浮于水。

（3）板面材色

印度小叶紫檀：紫红或深紫红色。

卢氏黑黄檀：新开面橘红色，久后为深紫或底色发乌的咖啡色。

（4）荧光反应

印度小叶紫檀：有。

卢氏黑黄檀：无。

（5）纹理

印度小叶紫檀：纹理直，花纹较少。

卢氏黑黄檀：花纹明显，局部卷曲。

图 3–16　紫檀木料与串珠

3.4　金丝楠木手串

金丝楠木性稳定、不翘不裂、经久耐用，再加上它性温和、冬暖夏凉、香气清新宜人，古代常将其用于皇家宫殿、少数寺庙的建筑和家具，帝王龙椅宝座也都要选用优质楠木制作，古代民间如有人擅自使用，会因逾越礼制而获罪。金丝楠阴沉木因稀少，较新料金丝楠木更加珍贵。

图 3–17 金丝楠木手串（一）

3.4.1 挑选与鉴别

金丝楠木手串由一颗颗金丝楠木圆珠串成，整体给人一种圆润细腻、雅致脱俗的视觉效果。仔细观察，金丝楠木手串纹理细腻，木纹中还带有光泽温润的金丝，或间有深色细条纹，非常惹人喜爱。

在众多木质手串中，金丝楠木手串是比较名贵的，仅亚于小叶紫檀手串、黄花梨手串，因此引来不少不法商家以非金丝楠木手串冒充金丝楠木手串。此外，并非所有带金丝的就是金丝楠木，因为大部分楠木都有或多或少的金丝，也并非所有的楠木经岁月淘洗都能成为金丝楠木。金丝楠木的金丝实际上是楠木细胞液经过漫长的氧化后形成的一种结晶体，这种结晶体能多角度地反射光线。金丝楠木主要从以下几方面来鉴别：

图 3–18　金丝楠木手串（二）

① 木色。金丝楠木新切面为黄褐色，间或带绿色，制成圆珠的金丝楠木手串，其木色依然为黄褐色，且非常雅致。

② 金丝。金丝楠木手串由多颗金丝楠木圆珠组成，仔细观察金丝楠木圆珠，则会发现不论是哪个角度，都可以看到缕缕金丝，且金丝分布得非常均匀。若把金丝楠木手串置于阳光下，则有缕缕金丝闪动，呈光彩夺目之象。此外，金丝色泽金黄，光泽非常强。

图 3–19　金丝楠木手串（三）

③ 香味。金丝楠木手串散发着幽香，且香味不会因外放而散失，反而会随着时间的

图 3-20　金丝楠木手串（四）

③ 香味。金丝楠木手串散发着幽香，且香味不会因外放而散失，反而会随着时间的流逝而越发明显，老料金丝楠木手串香味比较明显。此外，遇下雨天气，金丝楠木手串香味也会非常明显。

④ 质地。金丝楠木质地温润柔和，冬天触之不凉，夏天触之清凉舒适，可谓冬暖夏凉，故金丝楠木手串非常适合随身佩戴和把玩。

⑤ 材质特性。金丝楠木的防潮、防虫、抗腐蚀性强，且不易变形，因此金丝楠木手串不易受潮发霉，耐用且易于保养，还可以驱虫。

3.4.2 保养与收藏

金丝楠木手串如果长时间佩戴会发黑，这会影响佩戴者的心情，我们需要好好保护金丝楠木手串，在佩戴时需要注意以下几点：

图 3-21 金丝楠阴沉木手串

① 不能使金丝楠木沾水或者暴晒，如果沾到了水，也不用着急，可以放在阴凉处晾干。

② 可以使用橄榄油保养金丝楠木手串，这样可以减少摩擦，起到了很好的防护作用。

③ 金丝楠木手串需要放在卫生的环境中。金丝楠木质地优良，可以驱赶虫子，不用担心虫蛀。

图 3–22　金丝楠木手串（五）

3.5　崖柏手串

崖柏是一种天然植物，无法人工培育和种植，量少，具有不可再生性。尤其是生长在悬崖峭壁上的崖柏，量相对更少。淡咖啡色的崖柏，俗称“陈化料”，历经成百上千年风吹日晒，气味厚重，香气闻起来令人很舒服。

图 3-23　太行崖柏手串

崖柏具有以下药用价值：

① 助眠。能明显改善失眠多梦。其香味可提高血液含氧量，使人精神愉悦。在日本，柏木香气被誉为“空气维生素”，有癌症专家让病人在柏木林中进行保健治疗。用崖柏做熏香让崖柏的香气环绕在病人周围，可以改善病人心情，提高免疫力。

② 排毒、养颜。《本草纲目》中有大量柏木入药的记录。崖柏能助肺气，合皮毛；崖柏饮片冲茶泡酒，可润肠祛油，促进新陈代谢，清除体内垃圾，美颜润肤。

③ 抗炎、解毒。崖柏可杀灭细菌，具有抗炎消肿的功效。崖柏精油对虫蚁叮咬、无名肿痛有奇效。有文献记载：“蜀东有痔疮者，坐柏木，止痛消肿奇效；其木煮水，泽头发，治疥癣。”

图 3–24 崖柏手串（一）

崖柏手串现在成了流行的小型手把件，崖柏手串主要有以下几种级别：

① 普通级别。整个崖柏手串珠子不含瘤花、没有疤，通常都是选取直干部分材料加工，虽然也是崖柏，但是价格非常便宜。

② 带少量瘤。崖柏手串珠子上带有少量的瘤纹或雀眼，像这样的带瘤手串，价格也非常便宜，但是价格高于只有波纹类型的（普通级别）。

③ 带一半瘤。也称中瘤，珠子上面分布一半左右的瘤花、雀眼或火焰纹理的手串，价格略高一些。

④ 全瘤类型。这类价格相对较高，整个手串上面分布着比较均匀的瘤花、雀眼和火焰纹理。

⑤ 超满瘤类型。崖柏手串中的极品，整个珠子布满了瘤花、雀眼和火焰纹理，原料比较难得，价格也非常高。

⑥ 病变瘤类型。病变瘤纹理较为细密，整体纹路非常混乱，原料极为难得，也是崖柏手串中的极品，价格相对很高，是每个崖柏玩家的挚爱。

图 3–25　崖柏手串（二）

3.6　沉香木手串

《本草纲目》中说：沉香木具有强烈的抗菌效能，香气入脾、清神理气、补五脏、止咳化痰、暖胃温脾、通气定痛、能入药，是上等药材。沉香木就是从瑞香科沉香属的树种中取得的木料。市场上我们所见到的沉香手串、沉香雕件、沉香把件等，只要是没有结油的商品，都称之为沉香木。

瑞香科植物（沉香树、白木香）受伤后经过真菌感染，伤口被分泌出的树脂覆盖，伤口处的木材和油脂结合，就形成了沉香。不是所有的沉香树都会结香，有些沉香树受伤后分泌了树脂，但如果没有感染，就不会形成沉香。这些没有结香的沉香树，我们叫作白木、白木香或沉香木。沉香木价值不高，好一些的可以入药，更多的则被丢弃或烧火用。

图 3–26 沉香木手串（一）

沉香木与沉香虽然只有一字之差，但价格却是天壤之别，沉香的价格远远高于沉香木的价格。可以从以下几方面区别鉴定二者：

① 价格。沉香木的价格和一般红木差不多，按体积或者吨论价。而真品沉香是需要很长时间才能形成的，价格是按克算，根据品质、香韵、年代、油脂量等因素不同，价格是同等质量黄金的十几倍到几十倍不等。

图 3–27 沉香木手串（二）

图 3–28 沉香木手串（三）

② 香味。沉香的香韵高雅悠远，忽强忽弱，持久且不刺鼻，有层次变化主要以蜜香、乳香、果香、花香等为主，不同产区的沉香香韵各有特点。而沉香木是没什么香味的，除非树龄超过十年，也许会有比较清淡的香味。如果几米以外就能闻到香气的，多数是假的。

③ 品相。在放大镜下，如果能够看到结油点，即为沉香，反之则为沉香木。

④ 重量。沉香木比较软，而且轻；而沉香含有油脂，油脂量越丰富的沉香，重量越重，上等沉香入水即沉。

3.7 红豆杉手串

红豆杉，又名紫杉、赤柏松，属浅根植物，其主根不明显，侧根发达，是世界上公认的濒临灭绝的天然珍稀抗癌植物，是第四纪冰川时代遗留下来的古老树种，在地球上已有数百万年的历史。红豆杉果实成熟时红果满枝，艳丽多姿，因酷似南方的“相思豆”而得名。

图 3-29　红豆杉手串（一）

由于天然红豆杉生长速度缓慢、再生能力差、繁殖困难，加上遭到大规模人为破坏，所以很长时间以来，世界范围内还没有形成大规模的红豆杉原料基地。我国将其列为一级保护植物，世界各国都将其列为“国宝”。红豆杉素有“植物黄金”之称。

3.7.1 红豆杉的作用

（1）防癌治癌

红豆杉中含有世界著名抗癌药物“紫杉醇”，它的功效就是控制癌细胞的生长和发展，从而增强人体的抗癌能力，同时还能增强人体的循环和代谢功能，使堆积在人体内的病毒通过排尿、排便，清除到体外，达到保健的作用。对已得癌症的患者特别是手术后的患者，紫杉醇可减少放疗、化疗的副作用，起到辅助治疗的作用。

图 3–30 红豆杉手串（二）

（2）提高人体免疫力

红豆杉中含有人体所需的九十多种有效成分，能提高人体的免疫、抗病毒能力，它不但对高血糖者有降血糖的作用，对高血压、高血脂、血黏度高、肾病、肝病、痛经等的效果也非常显著，特别是能减少尿蛋白流失，使人体自然功能恢复，免疫力增强，将各种疾病都消灭在萌芽之中。

（3）消炎功能

红豆杉中含有大量的鞣质，该类物质具有抑菌、消炎作用，对肾炎、肝炎、胃炎、肠炎、咽喉炎、妇科炎症、前列腺炎、痔疮、类风湿等有非常显著的治疗作用。

图 3–31　红豆杉手串（三）

3.7.2　红豆杉手串的保养

天然红豆杉木材佩戴时遇水和人体汗液颜色会变暗或者轻微褪色，那是因为木材本身的油脂被粘掉了，但是坚持佩戴一段时间后木材里的油脂又会析出，会恢复原来的光彩。平时也可以上一点抛光蜡或者橄榄油养护。总而言之，最好的保养方式就是经常佩戴。

图 3—32 红豆杉手串（四）

3.8 麻梨疙瘩手串

麻梨疙瘩，中文学名“鼠李根”。它具有以下特性：

① 密度高。用手指甲掐无痕迹，入水沉。

② 耐火烧（相对其他木材燃点高）。

③ 花纹无规律。

④ 易盘养。

⑤ 有浅色包层。

3.8.1 麻梨疙瘩手串的挑选

① 看材质。就手串来说，以麻梨疙瘩料当中的黑料为首选，但是黑料手串非常难得。其次是红料手串，比较差的是黄料手串，也就是大家在市场上经常见到的阴阳脸类的，一半黄一半带点花儿，这种手串料最多。

图 3-33 麻梨疙瘩手串（一）

② 看花儿。麻梨疙瘩能够被大家认可，除了自身的材料接近于黄花梨以外，独特的纹理形成的各种花儿也给人以无限的想象空间。带花儿的手串以满花为佳，无论哪种料的手串，车出的珠子都是以满花儿为最佳。当然如果花儿能够形成一些特殊图案，比如鬼脸、猴脸、虎头、狮子头等，则可称之为极品。

③ 看大小。笔者认为手串珠子不能简单地认为越大越好，应该以自己的喜好为主。

3.8.2 麻梨疙瘩手串的盘玩方法

麻梨疙瘩手串的最大魅力来源于盘玩过程。经过人为的盘玩，手串会发生变化，久经盘玩后它会变得莹润如玉，包浆灿然，惹人喜爱。麻梨疙瘩手串盘玩有以下几种方法：

图 3–34　麻梨疙瘩手串（二）

① 植物油盘玩。得到新品后，使用核桃油或橄榄油进行盘玩。新品时每周一次，每次用油 3 ~ 5 滴，均匀地涂于表面，3 ~ 5 周后就不必再上油了，以后就只需用手盘养就行了。这种方法优点是上色快且重，盘过半年就像个老件儿，但缺点是盘后的手串透明度欠佳。

② 纯人工盘玩。纯人工盘玩需要 1 ~ 2 年后才可见到明显的上浆、变色。但是包浆莹润如玉，透明如琥珀，是真正喜爱麻梨疙瘩手串的爱好者和收藏者的首选方法。

③ 纯毛巾盘玩。如果手串只作为收藏，暂不佩戴，那么一年内每日只需用干毛巾用力擦拭，不上油不上手，这样木色不会变深，会亮丽润美，待包浆生成后上手使用就不会变色了。

图 3–35 麻梨疙瘩手串（三）

3.9 黄杨木手串

清代李渔在《闲情偶寄》中曾说过：“黄杨每岁长一寸，不溢分毫，至闰年反缩一寸，是天限之木也。”这让黄杨木带上了传奇的色彩。因黄杨木生长极其缓慢，很难有大料，故很难做成大件家具。黄杨木色泽均匀悦目，纹理坚韧细腻，是雕刻的极好原料，多用于与其他高档材质搭配镶嵌，或精雕细琢成极佳的手串作品。

图 3–36　黄杨木手串（一）

3.9.1　黄杨木的功效

黄杨木带着淡淡的黄色，纹理精致细腻，质地坚韧。它的硬度适中，有天然温润的色调，跟象牙十分相似。同时，黄杨木有香气，但很轻很淡，是一种清新的味道，有一种优雅的韵味，不显艳俗。

① 黄杨木在药理上可以祛风湿、理气、止痛。

② 黄杨木可以直接接触皮肤，它本身含有一种物质可以止痒。

③ 黄杨木具有驱蚊效果。

3.9.2 黄杨木手串的保养

① 忌油污。假如黄杨木手串脏了的话，应当用干净的棉布轻轻擦拭，不能够直接用水洗。

② 忌高温。不佩戴黄杨木手串的时候注意不要将它放在空气流动性强的地方，也不要让阳光对它进行长时间的直接照射。

③ 忌干燥。要注意屋子内的湿度，湿度过高过低都不行，如果湿度过高的话，黄杨木手串很容易吸收水分而导致开裂。

图 3–37 黄杨木手串（二）

3.10 红酸枝木手串

红酸枝木，又称红酸枝，豆科黄檀属树种，因新切面有酸枝木特有的酸香气，故称之为酸枝。主要产于东南亚，它是《红木》国家标准中 5 属 8 类 29 种红木之一。

图 3—38 红酸枝手串（一）

红酸枝是热带常绿大乔木，我国北方称之为“老红木”，广东、广西称之为“酸枝”，《红木》标准定为“红酸枝木类”。《红木》国家标准规定，红酸枝木类有四个必备的条件：

① 黄檀属（*Dalbergia*）树种。

② 木材结构细至甚细，平均管孔径向直径不大于 200μm。

③ 木材含水率 12% 时气干密度大于 0.85g/cm^3。

④ 木材心材为红褐色至紫红色。

3.10.1 红酸枝手串的鉴别

红酸枝手串是较为流行的一类手串，它因近似小叶紫檀且价格实惠而深受青睐。鉴别红酸枝真伪主要有以下几点。

① 闻气味。鉴别木材很重要的一点是闻气味。小叶紫檀有淡淡的檀香味，红酸枝有

股酸香味。

② 看牛毛纹和棕眼。小叶紫檀的比较明显，红酸枝的经常看不到。

③ 看密度。同样尺寸的情况下，小叶紫檀手串比红酸枝的重。

④ 看颜色。小叶紫檀含有紫檀素，和紫外线接触就会氧化，小叶紫檀手串刚做出来的时候是橘黄色或者橘红色，经过氧化颜色会慢慢变深，逐渐向红色、深红色、紫色甚至黑色转变，在光线充足的时候看还是深紫红色。而红酸枝手串的颜色基本不会发生变化，成品颜色偏黄发干，在上油上蜡后颜色会深一点。而且酸枝当中会含有绿筋，也就是会有泛绿色的地方。

3.10.2 红酸枝手串的养护

① 忌干燥。红酸枝手串与一般的木质有所不同，它适宜阴湿的环境，而比较忌讳干燥环境，尤其是不能够在烈日下暴晒，更不能够将红酸枝手串对着空调吹热风，或是置于高温的器物附近，以免导致其开裂变形，影响使用寿命。

② 防止磕碰。

③ 防止酒精、香蕉水等溶剂洒在上面，否则会使手串表面长“疤”。手串表面染上污垢时，要用低浓度的肥皂水洗净。切忌用汽油、煤油、松节油等溶剂性液体清洗，否则会失去红木类手串的特有光泽。

图 3-39 红酸枝手串（二）

3.11 鸡翅木手串

鸡翅木，红木的一种，因木材心材的弦切面上有形似鸡翅（“V”字形）的花纹而得名，是制作高档家具、饰品、饰材的名贵木材。鸡翅木木纹纤细浮动，变化无穷，若自然形成山水、人物图案，则较黄花梨、紫檀等产量更稀少，以木质纹理独具特色，韵味悠长者为佳。

图 3-40　鸡翅木手串

鸡翅木手串的盘玩步骤：

① 抛光。新入手的鸡翅木手串首先要抛光，具体做法是用棉质的软布轻轻擦拭珠子的全身，并且穿线打孔处也要擦到，这样做的目的是使新珠子表面的蜡层能够逐渐被打磨并且抛光。这个步骤通常需持续两周左右。

② 放置。为什么鸡翅木手串在抛光之后还不能急于上手，而要放置一周左右呢？原因是要让鸡翅木手串充分与空气接触，让珠子氧化和干燥，慢慢地就会在表面形成一层氧化膜防止珠子继续发生氧化。

③ 手盘。放置一周以后，才可以正式进入盘鸡翅木手串的阶段。需要注意的是，在用手盘的过程中，手一定要很干净。假如自身十分容易出汗的话，最好在盘之前带上棉布手套，不要为了偷懒而让手上的脏东西污染了串珠，这样得不偿失。

图 3-41　鸡翅木桶珠手串

3.12　大漆珠子手串

大漆又名天然漆、生漆、土漆、国漆，泛称中国漆。为一种天然树脂涂料，是割开漆树树皮，将韧皮内流出的一种白色黏性乳液加工制成的涂料，属于纯天然的产品。

制作漆珠的工艺始于宋，盛于明。明代著名漆工黄成撰写的《髹饰录》里，就有对大漆工艺的记叙。生漆的凝固性好，涂刷到器物上几个小时后，就会硬化为一层漆皮，并具有良好的光泽度，产生一种古器物般的光晕效果。漆工利用这一特性，在木珠上用生漆打底，层层重叠，再依据不同的颜色描绘出花纹，图案以简单、素净为佳，然后又继续层层上漆。制作时，漆珠还需置于温度和湿度恒定不变的环境下，令漆皮彻底干透，如此方能不剥落不开裂，经久而不变色。

图 3-42　大漆珠子手串（一）

清代和民国时期，大漆珠子已经发展得很成熟，是很常见的饰品，其后沉默了半个世纪，近年随着藏市的火热，漆珠又重新焕发出活力，并由此涌现出了一大批新生代的漆工。漆珠可以组合成串，做成项链、手链、佛珠，也可以单独把玩，悬挂在丝线上，作为坠饰或腰佩。

图 3-43　大漆珠子手串（二）

第 4 章

果核类手串的鉴赏与收藏

4.1 橄榄核雕手串

橄榄核雕是一种以橄榄核为原料，经过精雕细刻而成的工艺美术品。橄榄核雕不仅可以作为手串等佩戴，还可以作为扇坠、佛珠等使用。其历史可追溯到春秋战国时期，到了明清两代，更是风靡朝野，不仅皇帝喜欢，民间也极为流行，成为文人雅士显示身份地位的爱物，甚至被视为当时的“时尚”。

图 4-1 《八宝观音》手串（承莉君）

4.1.1 挑选与鉴别

橄榄核雕在选择原料时一般都讲究“大、圆、饱满”。就是说橄榄核个头较大、外形圆、肉少核厚最好，这是挑选高质量橄榄核手串的标准，大家可以在挑选橄榄核手串的时候参考一下。

在购买手串时，除了上面所说的原料外，还应当格外注意手串的雕工，尤其是以收藏为目的时，这一点更为关键。一条手串是否属于精品，以后的升值潜力有多大，关键就是看其雕工。应做到多看少买，货比三家，即使拿到手的货品确实是好东西，也应该再去另一家看看，比较质量和价格，对橄榄核雕的质量和价格有一个全局的把握，做到心中有数，这样才能挑选到满意的高质量的橄榄核雕手串。

图 4—2 《八宝弥勒》手串（承莉君）

在挑选高质量橄榄核雕手串的时候可以从以下几个方面考虑：

① 看橄榄核大小。单核个头特别大和特别小的都比较贵，因为特别大和特别小的原料比较稀少，俗话说“物以稀为贵”，因此挑选“两头”的橄榄核升值潜力会更大。

② 看橄榄核材料。颜色要统一，这其中包括单核颜色要统一，不能选半红半白的，或者有污点的，还包括整串橄榄核雕的颜色要统一，每一个橄榄核颜色要挑选相近的。

图 4-3 《八大美人》盘串（承莉君）

③ 看橄榄核雕工。雕工是重中之重。要看线条是否流畅，不能“拖泥带水”，刀口要干干净净，不能“发毛”。要看立体感是否强，透视关系是否正确，人物比例是否恰当。雕工的优劣是挑选高质量橄榄核雕手串的关键。

④ 看橄榄核的题材。虽然选题材与个人偏好有关，但是我们在挑选橄榄核雕手串的时候最好选新颖有创意的，否则与他人的手串雷同，那么有增值潜力的可能性也不太大。

图 4-4 《禅宗六祖》手串（承莉君）

4.1.2 保养与收藏

（1）防开裂

橄榄核雕采用原料为橄榄核，核属木质，最怕就是会开裂。要防止开裂，收藏者就得注意以下几点。

① 防晒。太阳光或高温灯光长时间直接照射将导致串珠开裂。因此，手串不佩戴的时候不要置于阳光或高温灯光之下。

② 防水。橄榄核雕作品如果掉进水里或用水刷洗清洁，核内进水后蒸发很慢，外表蒸发很快，导致其由内向外膨胀而开裂。如果核雕不慎着水，可将其放在食品袋中打一松结，让水分慢慢蒸发，切忌速干。

③ 防风。风吹是导致开裂的重要原因之一，尤其是北方地区的冬春之交，短时间的风吹就容易将核雕吹裂。如果是新核，最好先盘玩一个月左右的时间，等核面出现包浆后，手串就不易干裂了。

④ 防暖气。冬季使用暖气（或空调采暖）时，室内很干燥，橄榄核长时间放置在这种环境中肯定开裂。如果在暖气环境中使用加湿器加湿，可减少开裂。

图 4–5 《国色天香》手串（承莉君）

⑤ 防温度骤变。入冬以后，要特别防止温度骤变，冬季室内暖气空调开启，温度较高，室外气温寒冷，忽冷忽热，容易导致核雕开裂。比较稳妥的办法是，将核雕装入透气性能较好的麻质口袋内，置于锦盒之中。

⑥ 防冬季放在内衣口袋。人们在冬季穿的衣服较多，很多收藏者往往将橄榄核雕作品放入内衣口袋“珍藏”，由于人的体温对橄榄核雕起了“烘烤”作用，而内衣口袋非常干燥，这就容易导致开裂。在冬季，橄榄核雕应放在外衣口袋里。

图 4–6 《虎虎生威》手串（承莉君）

（2）上油

要保养好橄榄核雕还得适当地上油。橄榄核本身有油性，但随着时间推移，油性会慢慢消散，因此必须上油来加强它的油性，油脂少则易裂，就如木头太干了会裂一样。在表面上油，油会渗进内部，整个核都可以吸收油脂。

上油的方法是：采用软刷蘸少许油脂，橄榄油、花生油、色拉油、大豆油均可，让油均匀流淌到刷毛上，上的油一定要少，涂抹要均匀，让核雕周身充盈油光即可。再用质地柔软的棉纸吸去浮油，这既可起到滋润、保养的作用，又可刷去核雕缝隙内的污垢。

上油后，还得仔细观察核雕表面，倘若出现深色的斑点应立即用纸擦干，斑点就不会再扩散。如果已经花了，可在把玩一个月后再用适量的油涂抹，这时表面已有浅浅的一层包浆，在把玩一年半载之后，核雕整体颜色都会呈深红色，花斑也会隐淡消失。

图 4-7 《龙凤呈祥》手串（承莉君）

（3）防“花点”

一件精美的橄榄核雕艺术品，除了雕工高超外，材质也有讲究，即材料颜色要自然均衡，如果颜色不均，色调特深处即为“花点”。出现了“花点”就会降低艺术品的艺术价值，很多“花点”是后天产生的。

当核子表面有污垢时，有些收藏者往往用食用油刷。用油刷是可以的，但用油量切不可多。如油量过多，积在深凹处的油擦不掉，日后就会形成一个个深褐色的“花点”，使整件作品变得难看。

核雕需要主人精心的保养。其实，观赏、把玩、保养、收藏的过程，也是核雕拥有者修身养性、陶冶情操、增长知识、了解历史、丰富阅历的过程，其中的乐趣，是局外人难以体验的。

图 4–8 《招财进宝》手串（承莉君）

4.2 星月菩提子手串

星月菩提是黄藤的果实，原料产量较大，并且较易得到，所以佛教弟子们常用来做念珠。每粒珠上都有一个大点和许多小点，如众星捧月，故名星月菩提。一串星月菩提子串珠可以逐渐变黄、变红，日久转黑，表面出现丰富的裂纹，犹如瓷器釉层中美丽的裂纹开片，而串珠表面会变为血珀般的半透明状，润泽奇绝，为星月菩提所独有。

图 4–9　星月菩提子手串（一）

4.2.1　挑选与鉴别

① 珠粒手感要沉。挑选星月菩提子手串的时候，尽可能选珠粒手感比较沉的。星月菩提子的手感沉，主要是证明两个方面的品质：一是密度高；二是油脂性高。只

有密度高，才能具有相当的硬度；只有具有一定的硬度，才能盘捻出理想的颜色和包浆。

② 整串的珠粒颜色必须尽可能保持一致。制成星月菩提子手串的珠粒有若干种材质，每种材质的质地颜色都不太一样，随着把玩时间的推移，就会朝着各自的颜色方向变化，有的呈深枣红色，有的偏深红，有的则变黑。如果整串的星月菩提珠粒颜色不统一，则很有可能“花”，收藏价值将大打折扣。

③ 珠粒质地颜色可以为白色，也可以呈灰白，但不要发黄、发绿和发青。

图 4–10　手工打磨的星月菩提子手串

4.2.2　保养与收藏

① 刚开始盘星月菩提子手串的时候尽量把绳子放松一些，这样会让星月菩提子串珠更全面地沾到手上的油脂，包浆会更加均匀。

② 如果想把星月菩提子手串收起来，需要先把星月菩提子串珠擦拭干净并用手盘热，让其表面的水分得以挥发，然后再封袋保存。

③ 在夏季把玩星月菩提子手串的时候要注意，因为手上出汗较多，星月菩提子手串被汗水闷湿以后会泛黄，有的会出现局部发红或发黑的现象，遇见这种情况需要用湿毛巾擦拭干净以后再继续把玩。

④ 新入手的星月菩提子手串表面可能会有细微刮痕，这样的星月菩提子手串要先用布反复揉搓，之后装在常用的搓澡巾袋中，要用搓澡巾袋的正面装，这样在盘的时候，比较容易挂瓷；一般要先在搓澡巾袋中盘 10 ~ 15 天。

⑤ 经常盘的星月菩提子手串要注意卫生，不能用脏手盘星月菩提子手串，还需每隔半个月用湿毛巾擦拭一遍，以便去掉星月菩提子手串表面的污渍及细菌，擦净的星月菩提子手串要自然晾干，不可暴晒。

图 4—11 星月菩提子手串（二）

4.3 金刚菩提子手串

金刚菩提子是一种大型常绿阔叶树木，属杜英科植物。用来当做菩提子的是它的硬骨质内果皮。一般的圆果子房五室，剥出来的菩提子就是五个分瓣，但是市场上能够见到少于五瓣或者多于六瓣的菩提子，原因就是在形成花的时候出现变异，导致心皮数量变化。“金刚”为坚硬无比、无坚不摧之意。

图 4-12　金刚菩提子手串（六瓣）

4.3.1 挑选与鉴别

（1）看瓣数、看尺寸

金刚菩提子（金刚）的价格主要由品相、大小和瓣数决定，不论大金刚（直径 1.5cm 以上）还是小金刚，都是五瓣最常见，这类一般不会有假，但如果是大于 2.0cm 的那就值得收藏了。每种菩提子都有一个种类平均尺寸，和平均尺寸相比大很多或小很多的菩提子会比较珍贵，也就是行内所说的超大或超小。挑选好所需要的尺寸，将珠子竖直垂下或纵向拉直，看珠子是否大小相差过大。

图 4-13　金刚菩提子和牙头手串

（2）看外形

一般菩提子以圆形居多，在挑选的时候尽可能找比较规矩的菩提子。如果发现形状不是很正，或者出现缺棱少角的地方，选择的时候要慎重。但少数外形特别怪异的，比如连体、怪籽等，因为相当稀少，价值会更高。然后看是否有裂痕，我国北方天气比较干，很多菩提子到北方由于保养不善导致开裂，有裂痕的菩提子在今后的使用上出现问题的概率比较大。所以，在挑选的时候要注意看孔、看纹。菩提子外形应当周正、无伤。

（3）看颜色

如果在表皮上存在阴皮花皮的现象，则对日后的把玩有一些影响。

（4）掂分量

菩提子由于生长条件不同，采摘时间也有差距，所以同样外观的菩提子相对重的那个，密度会高一些。但重量如果超出平均值过多，菩提子的内部质量可能会存在问题。密度高的菩提子盘玩时手感会更好，日后产生包浆的效果也好一些。菩提子的密度高低直接关系到手串盘玩出来的整体品相，密度低的菩提子会迅速变黑。

图 4—14　金刚菩提子手串（一）

4.3.2　保养与收藏

① 防水防湿。金刚菩提子尽量不要沾到水，如果不小心沾上水，一定要立即用软布将其拭干，放在阴凉避风的地方晾干，如果处理不当很容易导致开裂、蜕皮等无法挽回的情况。潮湿的环境可能导致菩提子发生霉变反应。一旦产生霉变，要立即用软布将霉

变物质擦拭干净，否则会影响菩提子的外观。

② 避免出入温差过大的场合。温差过大，热胀冷缩，会严重破坏菩提子的内部结构，所以尽量避免带着金刚菩提子出入温度差异较大的区域。尤其是冬季的北方地带，较为干燥，如果不注意养护很容易出现干裂。

③ 避免风吹。金刚菩提子毕竟是树木种子，长期风吹很容易出现干裂现象。所以建议平时不戴的时候，要将其放到密封袋子或器皿中。但切记，要在存放前把菩提子清理干净，保持菩提子表面干燥，不要存放时间过长，否则会滋生霉菌。

④ 上油清洁。菩提子长期佩戴可能会变脏，这时建议用软刷将表面污渍清除干净之后，再蘸一点儿橄榄油或核桃油进行相关保养。注意不要用太多油，否则会形成花点或油印。

⑤ 多把玩。金刚菩提子作为串珠来说，通常作为计数或念珠使用，寻常之时便只挂于腕间，顺其自然。金刚菩提子最佳的保养方式便是盘玩，但通常的玩友觉得自然盘玩包浆上色较慢，所以市面上出现了“三分盘、七分刷”的说法，刷子确实有助于上色，勤刷不仅可以包浆，还可以清理金刚菩提子沟槽内的脏东西。所以，只有多盘多刷才是金刚菩提子最好的保养方法。而且，夏天人们容易分泌出大量油脂，所以，夏季是最适宜盘玩的季节。如果您再是油性皮肤的话，那就更易于金刚菩提子的上色了。

图 4-15　金刚菩提子手串（二）

4.4 凤眼菩提子手串

凤眼菩提子（凤眼）是菩提子的一种，因芽眼如目，故称“凤眼菩提”。

图 4–16 凤眼菩提子手串（配玛瑙）

4.4.1 挑选与鉴别

（1）产地

尼泊尔凤眼和国产凤眼，无论在皮色、密度还是盘完效果上都有极大的差别，价格也相差极大。尼泊尔凤眼直径普遍在 1.2cm 以上，小的极其罕见，年产量少得可怜。目前一些尺寸小的凤眼很多是国内用其他植物嫁接的产品，甚至就干脆不是凤眼菩提子，而是酸枣核等替代品。

图 4—17 凤眼菩提子手串

（2）皮质

尼泊尔凤眼的皮质是所有产地中凤眼皮质最好、密度最高的，而密度和皮质是影响盘玩最后效果和皮壳包浆的最关键因素，这就是只有尼泊尔的凤眼才能盘玩成深枣红色的原因。而国产的、印度的凤眼会发乌，因为只有尼泊尔的凤眼才是正宗的种，其他地区的都是嫁接种。

（3）纹路

凤眼菩提子的纹路选择十分重要，如果喜欢纹路较深、比较粗犷的，那就尽量都选相似纹路的，包括凤眼菩提子的“眼”，尽可能都选择比较正的、样子相似的。是凸眼的都凸眼，是凹眼的都凹眼。

（4）尺寸

尺寸在 11mm 以下的菩提子是没成熟即采摘的炒作品种，价格虽高，但实际上并无收藏价值。正常成熟的凤眼菩提子的尺寸多是 13 ~ 15mm。12mm 以下、16mm 以上的都少。因此小尺寸的凤眼菩提子甚是珍贵。

（5）品种

因为小的凤眼被炒作得很贵，而尺寸小的酸枣核很多，而且有些酸枣核价格稍微便宜一点，所以有些人把酸枣核冒充凤眼卖，观察过凤眼标本就能很容易地区分二者。

4.4.2 保养与收藏

（1）原籽

生长成熟的原籽皮色呈淡红色，眼纹清晰，眼珠突出。传统佛教的凤眼念珠也多见这种形制，配饰简单清爽，非常符合古代中国人的审美。现在国内好多老牌的凤眼迷还在坚持玩这种自然型原籽，盘玩数年后这种凤眼外表会呈深红色甚至紫黑色，包浆厚重，皮质玉化，视觉效果清新朴素且古风盎然。

（2）切片

受到藏传佛教的影响，现在凤眼的主流就是切片。把原籽两端部分磨掉，做成藏式念珠，已经成了凤眼玩家的首选。磨多磨少，切片薄厚的形制已经五花八门，有微切桶珠、倒角鼓珠、车轱辘、极限薄等各种工艺。一般来说，切片基本上都保留了原籽的外皮和眼形不动，矮桩的形状更适合搭配一些漂亮的藏饰，不仅把玩出来和原籽是一样的效果，还可以融合藏饰鲜明颜色的繁复搭配，视觉冲击力极强，年代越久越是美不胜收。

（3）磨皮

磨掉原籽的凹凸纹路，只留下眼形和斑纹，形状正圆。这种形制似乎并无古老依据可循，大概只是为了掩盖眼形和纹路长得不好或想把尺寸变小而刻意为之（私人手工定制品除外）。

（4）酥油煮

煮制过程中会依据藏族聚居区各地的不同习俗加入红茶、朱砂、麝香等材料。这样煮过的凤眼皮色一般都呈深红色甚至暗黑色，并且会带有一股天然的酥油奶香，尤其是尼泊尔人在煮制过程中会加入印度大吉岭的特产红茶，珠子上出来的香味比单纯的酥油香还多一股清爽的感觉，令人非常舒服。

（5）镶嵌

传统工艺的镶嵌就是将酥油煮过的老凤眼漏眼的部分或者将新凤眼的眼仁部分挖

掉，然后嵌进绿松石、南红玛瑙、珊瑚、蜜蜡等物；也有将凤眼菩提中间一圈全部挖掉镶嵌的，这样做出来的单珠效果五颜六色，不仅可以将眼形不正的珠子也一并利用，而且还营造出一种藏传美学的典范。

图 4—18 老凤眼菩提子手串

4.5 椰壳手串

椰壳也叫椰蒂。椰壳串珠是用椰壳磨制的，一般为扁珠。用椰壳制成的佛珠，材料极其普通，但是品相、年份俱好者极其罕见，尤其是包浆一流的老椰壳菩提佛珠，更是很难求到，其价值也远远超过老紫檀佛珠。椰壳佛珠由来已久，唐宋已有此佛珠，清代称“木牙”“椰蒂”“满贯”。盘佩椰壳佛珠，冬不凉手，夏不畏汗。

图 4-19　椰壳念珠串

图 4-20　老椰壳手串

椰壳念珠在外人看来可能并无价值，但是在文玩爱好者的眼中，一挂品相好的椰壳念珠，确实求之不易，年份好、品相佳、够数的老椰壳念珠更是稀少。

椰壳手串的盘玩其实讲究不多，椰壳皮实，喜油喜汗，素手净盘就很好。因为各地空气湿度不同，为了减少缩尺的幅度，可以适当上一些婴儿油，不要多上，一滴或两滴，手心里搓开盘匀即可，注意不要多种油混合，乱上油易花。

4.6 葫芦手串

文玩葫芦，是适合在手中把玩的葫芦。手捻葫芦是一个稀有品种，尺寸在 8 厘米以下的称为手捻葫芦。手捻葫芦越小越好，玩的就是小巧玲珑。文玩葫芦串就是把手捻葫芦切割做成的手串。

葫芦做成的手串被越来越多的人追捧。敦厚可爱的葫芦佩戴在手，自然赏心悦目，如果能盘出好颜色和包浆来，那就更有成就感了。刚摘下的葫芦质地松软，但干后又变得很脆，尤其是多年的老葫芦，纤维质老化，极易破碎。所以葫芦手串保养一定要格外当心。

图 4–21　天然葫芦手串

盘玩葫芦手串的注意事项主要有以下几点：

① 新葫芦要先风干。购买回新葫芦时，应将其放在有空气流动的地方进行自然风干，让葫芦内部的水分等完全挥发。很多人在买回新葫芦后便会马上进行压里子、上油等一系列处理，但此时葫芦还未干透，表面并不致密，这样很容易使手上的细菌进入葫芦表皮，从而出现花皮。

② 洗净手再把玩。把手洗净，直接盘玩，不要加其他的油脂，如橄榄油、核桃油之类的。盘玩几天后，进行晾晒，然后依次循环。

③ 均匀接触阳光。放在阳光处晒到变色，为避免色差，应注意轮换接触面，保证每一处都能均匀晒到。

④ 力度要适中。盘玩葫芦就是为了挂瓷上浆，上浆变色是一个漫长的过程，力度太大，会将好不容易盘玩上的浆破坏。

4.7 桃核手串

桃核有“趋吉避凶”的寓意。桃核可以做枕头，也可以做念珠等。桃核在古代用得最多的地方就是雕刻了，著名的《核舟记》里就是桃核雕，现在很多人也喜欢把桃核串起来，或者磨制成自己想要的形状，价格虽然比较便宜，但也可以盘出精品来。

图 4—22 桃核手串（一）

开裂是桃核手串容易出现的现象，开裂的原因在于核内与核外的湿度不统一。桃核手串核内空气湿度与核外湿度应保持平衡，如果内高外低，相差悬殊的话，则核内湿润、向外膨胀，核表面干燥、向内收缩，就会开裂。桃核也不能长时间直晒、泡水和风吹。

桃核手串的存放很有讲究，最妥当的方法是：存放在封口袋或配套的锦盒内，再放置于抽屉、大盒子内。如此，冬季的空调和太阳光的直射都不会对核雕产生伤害。需注意的是，桃核手串存放于封口袋内，不必把口袋全部系紧，应留一点缝隙，让空气内外流通。

图 4–23　桃核手串（二）

4.8　白玉菩提子手串

白玉菩提子，纹理清晰，每一颗上面都有种子发芽的芽眼。此树成材极慢，开花结果都需要数十年的时间，非常珍贵。白玉菩提学名油棕，因质地手感类似白玉而得名，非常光滑温润，有长保平安的寓意。

图 4-24　白玉菩提子手串

4.9　龙眼菩提子手串

每一粒龙眼菩提子上均有一个三角状眼，其原籽的独特形状与其古朴外形使其得到了许多玩家的钟爱。龙眼菩提子手串经过长年把玩，包浆后色泽亮丽，有晶莹油蜡感，复古韵味浓郁，观赏性强，寓意富贵吉祥。其中印度龙眼菩提子十分难得。

图 4-25　龙眼菩提子手串

4.10　天竺菩提子手串

天竺菩提子是以产地来命名的一种菩提子，天竺是印度的古称，天竺菩提子是产于印度的一种菩提子。天竺菩提子也是一种珍稀植物的果实，是一种不太常见的菩提种类，这种植物性喜高温向阳之地，无花，每三年结一次果，在果实成熟的后期，必须在高温（30℃）环境中停留 100 天后方可采摘。所以天竺菩提子也是十分珍稀的一种菩提子。

图 4-26　天竺菩提子手串

4.11 五眼六通手串

五眼六通是一种不寻常的果实，蒂落后，顶部有五个小孔，看似五个小眼睛，首尾贯穿打洞，制成佛珠，便称为“五眼六通”。

图 4-27 五眼六通手串

4.12 太阳子手串

太阳子，为热带产的一种红褐色坚硬果实，每粒上都有一小白点，看起来好像旭日中天，本身的红褐色如同太阳之火，故名为太阳子。用以做手串或单粒佩戴，美观大方，增加气质。

图 4–28　太阳子手串

4.13　月亮子手串

月亮子，为热带产的一种深灰色坚硬果实，每一粒上都有一浅褐色圆点，如月挂天空，本身的灰白色像清凉明润的月光，故名月亮子。月亮子菩提手串寓意如意、吉祥和平安，所以很多人都会带上一串月亮菩提子手串。

图 4–29　月亮子手串

4.14 天意子手串

天意子是一种奇特而坚硬的果实。扁圆的形状，隆起的曲脊，貌似蟠桃，又像细小的番瓜。

图 4–30 天意子手串

4.15 麒麟眼菩提子手串

麒麟眼菩提子，形状特殊，每一粒上有一方形眼，整个菩提子呈扁圆形，如鼓鼓的柿饼，加上中间的方眼，如同一个铜钱。麒麟眼菩提子比龙眼菩提子还难得。

图 4-31　麒麟眼菩提子手串

4.16　通天眼菩提子手串

通天眼，稀有果实种子，呈深灰色，粒上有不规则的小点状突起物，奇特的是每一粒上都有一圆形小孔，“通天眼”便由此而来，寓意健康平安。

图 4-32　通天眼菩提子手串

4.17 白菩提根手串

菩提根不是树根，而是一种叫作贝叶棕的植物的种子，这种植物开花结果一次就死亡了，它的叶子就是制作贝叶经的材料。菩提根表面看就是一个种子，不起眼而且粗糙，剖开巧克力色花纹的皮，最里面是白色的。白菩提根串珠经过长期的盘玩会变成黄褐色，市面上也有红、黄、紫色的菩提根出售，那只不过是染色后的结果。

图 4-33 白菩提根手串（一）

白菩提根，为菩提根经过打磨加工而成，有的洁白如雪，有的略呈淡黄，明润悦目。

图 4—34　白菩提根手串（二）

4.18　文玩核桃手串

文玩核桃的历史非常久远，一开始是用来健身的，揉核桃能延缓机体衰老，对预防心血管疾病、避免中风有很大作用。随着文玩核桃不断发展，现在的种类越来越多，大部分是配成一对置于掌中把玩，或者挑选出来串成一串，好玩也有趣。

图 4—35　文玩核桃手串

冬季是文玩核桃最容易出问题的季节，冬天室内和室外的温差较大，湿度差也较大，因此，应该注意以下 3 点：

① 把玩文玩核桃手串时，尽量在衣兜里玩，以免掉到地上，容易摔坏，因为冬天核桃比较脆。

② 不玩时一定要把文玩核桃手串放进塑料袋里，特别是在室内有暖气的情况下，如果不放进塑料袋里，文玩核桃很容易裂。

③ 文玩核桃手串长期不玩时，应在核桃表面涂上一层油，封入塑料袋内保存。

4.19　紫金鼠菩提子手串

紫金鼠菩提子，又称紫金鼠、招财鼠、金钱籽、三眼菩提籽等。其果皮坚硬，色棕红，圆润而饱满，背后的紫须多而明显，籽前三眼，籽后生蒂屁股也长得非常可爱，每一颗种子都酷似一只可爱的小老鼠，故又称为招财鼠。招财鼠是非常名贵的菩提子。

图 4-36 紫金鼠菩提子手串

4.20 百香籽手串

百香籽纹路古朴典雅、苍劲狂野，深受众多玩友追捧，无论是皮质、桩形、纹路都是上上之选。

图 4-37 百香籽手串

4.21 长寿果菩提子手串

长寿果，又名“缅茄”，属苏木科，是热带亚热带作物，原产于东南亚的缅甸、泰国、越南等地，为高大常绿乔木。寓意长命富贵，历来为收藏家所珍爱。

图 4-38 长寿果菩提子手串

第 5 章

其他类手串的鉴赏与收藏

5.1 天珠手串

天珠主要产于喜马拉雅山脉，是一种稀有宝石，学术上称为九眼石页岩，史书上记载为“九眼石天珠”。数千年前，人们发现了这种九眼石矿，称其为“天降石”。他们将各种吉祥图案绘制在这种石头之上，经高温处理后使颜料深入矿石内。

图 5–1　天珠手串（一）

藏族同胞视天珠为上天赐予他们的吉祥宝物，和生命一样重要，以至世代收藏供养。现今，西藏天珠的收藏价值已被广泛认可。

5.1.1 天珠手串的分类与鉴别

天珠的分类方法很多，但最常用的还是按照年代来区分，也就是分为老天珠和新天珠两种。当我们购买、收藏天珠手串的时候，一定要注意这个问题。

（1）老天珠

老天珠是千百年来由藏族群众开采出矿石经过人工研磨而成，其间花纹用特殊工艺绘制、镶嵌而成，历代相传，成为稀世珍品。老天珠因年代久远，数量稀少，所以现在十分罕见。

图 5-2　老天珠手串

在老天珠的上面、一般会有朱砂点、弯月形风化纹、不规则形裂纹（多出现在火供天珠上），图腾钙化、白色线纹部分绘制得较为粗糙，并已有泛黄现象，在阳光下用放大镜能看到珠体表面有诸多细小的麻坑。

当然，根据天珠的材质类别、处理方式和佩戴时间长短的不同，不同的老天珠会呈现出不同的外在特征，并非所有的外在特征都会体现在同一个老天珠上。

（2）新天珠

新天珠矿石（玛瑙）产于海拔平均 4000 米以上、高寒的喜马拉雅山脉，根据所开采出的矿石（玛瑙）颜色及莫氏硬度可分为三种：

① 红玉髓（莫氏硬度最高），原始矿石呈暗红色，因有一些矿石内部形成纹理不同，可看到有花纹。

② 黑玉髓（莫氏硬度稍低于红玉髓），呈黑色，有经过抛光处理的，表面明亮有光泽。

③ 天然纹路玛瑙，内部条纹黑白相间，形成一圈一圈的天然图案，好像人的眼睛，称之为“佛眼”“龙眼”，还有一些红白相间，颜色细腻。

新天珠的纹绘一般很细腻，珠体光亮，没有麻坑。

5.1.2 天珠手串的保养

天珠手串保养的三种方法：

① 浸泡于粗盐水中。浸泡手串 15 分钟，再用清水冲洗干净，擦拭干净即可。

② 在阳光下暴晒 1 ~ 2 小时。（西藏古老的保养方法，西藏的阳光非常强烈、紫外线辐射很高，可能更有效果。）

③ 在天珠手串保养方面，随身佩戴是最好的保养方式。

图 5–3 天珠手串（二）

5.2 多宝手串

多宝手串，又称“杂佩”，其以材质选择的多样性、呈现面貌的独特性等特点，正受到越来越多年轻藏家们的喜爱。这些年轻人用自己独特的审美，选择不同文玩珠子任意搭配，演绎出一场场时尚与古老文明的激情对话。

图 5-4 多宝手串（一）

多宝手串源于藏饰，可以用不同色调的各种名贵珠子进行搭配。可供搭配的材料没有局限性，像蜜蜡、珊瑚、南红玛瑙、绿松石、琉璃、砗磲、青金石、唐八棱、天珠等都可以搭配在一起。多宝手串可以根据个人喜好而自行搭配，搭配的就是个性，所以深受青睐。

一般常见的多宝手串颜色有红、黄、蓝、绿、紫、黑、白、透明以及它们的相近颜色，除此之外还有人喜欢将琥珀、绿松石、金、银、砗磲、珍珠、水晶等运用到多宝手串中。除了颜色搭配的美观度，价格接受程度，还有一点就是多宝的寓意，这三点掌握好了，想配不出心仪的多宝手串都很难。

各类颜色珠子的选择：

① 红色。红珊瑚、南红玛瑙、朱砂等。

② 绿色。绿松石、翡翠、天河石、葡萄石、绿幽灵（水晶）等。

③ 黄色。蜜蜡、金珀、发晶、黄水晶、黄虎眼石、黄金等。

④ 蓝色。睡美人、青金石、海蓝宝石等。

⑤ 白色。砗磲、白蜜蜡、象牙珠子、天然珍珠、和田玉等。

⑥ 紫色。舒俱莱石、紫龙晶、紫水晶等。

⑦ 黑色。黑曜石、根珀、翳珀、煤精、一线药师等。黑色虽然不太讨人喜欢，但是在多宝手串里面却是必备颜色之一。

图 5–5　多宝手串（二）

5.3　猛犸象牙手串

虽然猛犸象牙是个小众的文玩种类，但是随着老百姓对于猛犸象牙的认知不断加深，市场的认可度也在提升，所以喜欢猛犸象牙的人是越来越多了，假的猛犸象牙手串也越来越多。判断猛犸象牙手串真假的方法主要有以下几点：

① 看牙纹。真猛犸象牙制品横断面有间隔一定距离、粗细分明而均匀的纵向纹理。其在横切面上呈弧形交叉、小于 90° 的菱形纹理，称为勒兹纹理线，是猛犸象牙独有特征。目前市场上常见的猛犸象牙假冒货，主要是骨制品、兽牙、鱼牙或其他相仿材料

制成，最多的还是塑料制品，如赛璐珞（硝酸纤维素塑料），成本低，利润高，新手很难分辨。但是人造猛犸象牙所谓的“牙纹”，呈规则的平行线条，无交叉线，这与真猛犸象牙天然牙纹是不一样的。

图 5–6　猛犸象牙回纹珠手串

② 看颜色。猛犸象牙呈牙白天然本色，仿制品多经漂白而成，猛犸象牙即使漂白也会呈现出一种油润洁白的光泽，而骨制品漂白后则变得干涩，塑料制品白得呆板、不自然、无光泽。

③ 看密度。从重量上看，同样大小的装饰品，由于猛犸象牙在地下埋藏万年，密度大，其牙雕品比仿制品及塑料制品的分量明显重一些。

第 6 章

手串鉴赏与收藏的专业术语

每一行都有每一行的行规，每一行都有每一行的行话。文玩界自然也有很多文玩专用术语，跟古玩类似。如果是新玩家，很可能会搞糊涂。比如“开门”，如果事先不知道的话，怎么也不会想到是“真货”的意思。再比如问价的时候，别人说“一块”，如果你真给人一块钱就想把宝贝抱走，准会被人笑掉大牙。所以还是要给手串爱好者普及一些文玩手串界的行话。

一块 可能指的是一百元，也可能是五百元、一千元，甚至是一万元。

水货 有时候是指通过走私而来的物件，有时候是指水坑里出来的古钱，广东人也称滥品为“水货”。

一个手指头 跟“一块”的情况大致一样，随机应变。

开门 指某一件东西毫无疑问是真货。

开门假 与“开门”的意思恰恰相反，指某一件东西是赝品或仿品。

一眼假 与“开门假”一个意思。

瞎货 假货。

打眼 上当。

开眼 长见识。

掌眼 请某人鉴别东西。

包浆 指文玩手串表面的一层氧化物，温润似玉，也形象地叫作“豆腐皮儿”。

挂瓷 常常与包浆相提并论，指物件表面呈现出瓷器般光泽。

高抛 一般是用 400 ~ 2000 目的砂纸及布片进行抛光，表面出现镜面光。

上色 珠子经过人的长期盘玩会由原色逐渐变成枣红色。

花皮 阴皮、色差形成的各种颜色都有的珠子，一般以绿色、白色、深黄色为主。

倒角 桶珠打磨成鼓珠状，边角由直角变成弧形。

开片 这个词源自瓷器，就是表面形成裂纹，类似于哥窑瓷的表面。

原籽 未经人工打磨雕琢过的籽。

喇叭孔 打孔口做成喇叭状，一般为减小线的磨损。

做旧 指不法商贩利用一些特殊手段把文玩手串做成老旧物件的样子。

供 如朱砂供等，是手串的一种盘捻方式。

顺白 整条串珠是一样的白色，颜色非常协调。

瓷白 白瓷一样的白色，同时具有陶瓷表面的光泽。

母珠 俗称“三通”或“佛头”。通常只有一颗，但亦有两颗的，用以将不同数目的子珠归结于一处，同时还可以起到连接弟子珠、记子留和一些饰物或流苏的作用。

隔珠 又称作“间隔珠”或“数取”。多用来将子珠平均分隔开。一般来讲，隔珠要比子珠稍大一些，数量可采用一至三颗不等，如一百零八颗的佛珠和五十四颗的佛珠，就需要每二十七颗子珠用一隔珠；二十七颗、十八颗的佛珠，则每九颗子珠用一隔珠。

弟子珠 一般做收尾用，故而位于手串的最尾端。手串弟子珠一般比子珠要小一些。弟子珠颗数，多用六到十二颗不等的数目，平均排列为两列，起到装饰作用。

记子留 记子留是指每串弟子珠的末端所附的，比弟子珠稍大一些的珠粒或者饰物。也可以用线绳结成“中国结”来替代，目的是为了防止弟子珠的滑落。

络绳 即系串手串的线绳。通常根据子珠的规格以及孔洞直径的大小，以独股、双股或者三股为绳，穿珠而过。络绳一般分为有弹性、无弹性两种，佛珠使用络绳时，要求一般比较宽松，只要自己喜欢并且能够穿得进去的都可以。藏传佛教对佛珠所用络绳的要求比较严格，一般多用红颜色或红、黄、黑、白、绿五彩棉线、丝线制成。偶尔也有人用皮绳来贯穿手串。

配饰 指的是佛塔下部、记子留以上部分系坠的各种饰物，主要用于手串的装饰和美化。配饰通常会使用由琥珀、红珊瑚、玉石等一些珍贵材质制成的精美雕件或小工艺品。有些佛珠，还在佛塔的顶部编结象征正法和吉祥的卐字结或盘肠结等结饰以及流苏等，以体现无上庄严。不过，除了用来供奉、陈列和装饰的佛珠之外，一般真正用来念诵的佛珠较少会使用配饰，因为有时这些配饰可能会妨碍记数。

顶珠 顶珠装饰在手串顶端，是指手串上最醒目的一颗珠子，作为搭配的点睛之笔，能很好地诠释整条手串的价值。

腰珠 比顶珠要小，显示出它的协调性。注意，腰珠的大小、材质需一样，位置要对称。腰珠要按照三通与顶珠的形制和色泽精心搭配。

图 6–1　绿松石腰珠

背云　又称背鱼儿。是位于手串佛头下面垂在手背或后背上的一些装饰，材质丰富，形状多样。背云上下贯穿孔，与佛头塔、佛嘴连接，是为了便于佩戴或起装饰效果。

图 6–2　绿松石背云

图 6–3 绿松石 108 珠手串

卡子 在佛头一侧 18 个子珠的位置，活口，可以在佛珠上随意移动，配合计数器使用。大小、数量、材质可以按照自己的喜好随意搭配。

图 6–4 绿松石卡子

流苏 是装饰在佛塔顶的线穗。流苏源自瓔珞上的垂拂，人们常将它编织成结，象征吉祥。

图 6—5 绿松石手串

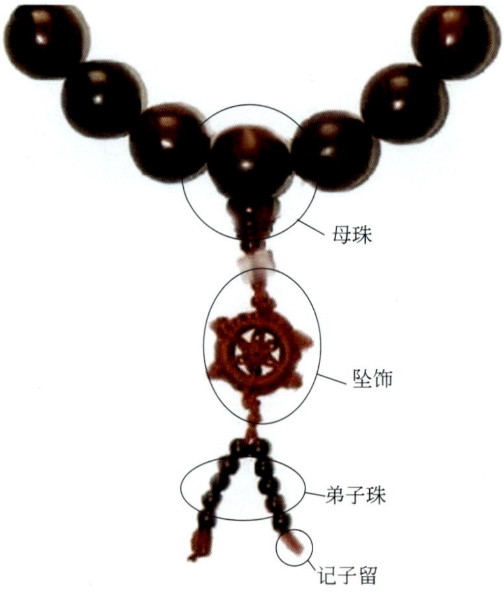

图 6—6 手串结构

最后，笔者教大家一些手串配饰搭配小技巧。

① 顶珠、侧珠要小于佛头。比如直径为 0.8cm 的圆珠绿松石，可以遵照这个原则来搭配：佛头 1.2 ~ 1.5cm，侧珠 0.8 ~ 0.9cm，顶珠 0.9 ~ 1.0cm，隔片 0.6 ~ 0.8cm。

② 靠近基础珠的隔片尽量不要大于基础珠和配珠，否则拿手捻起来不舒服，也不美观。

③ 颜色深的隔珠配浅颜色的基础珠时，尽量选大一号的隔珠。比如绿松石隔珠配星月菩提，绿松石可以选大一点的，这样看起来舒服，更有立体感。

④ 如果基础珠是小珠子，比如 0.6cm 的绿松石，其侧珠和顶珠都可以选稍大一点的，比如 0.8cm 的，这样配起来有大气的感觉，弥补小珠子的缺憾，也更加提升气质。

图 6–7　部分玉石类手串

⑤ 通常情况下贵重的隔珠需要和软性隔片搭配，起到减少磨损的效果。比如，绿松石或者蜜蜡旁边不要直接放金属类隔片，应在它们之间加一些软性隔片。软性隔片有蜜蜡、象牙果、椰壳、牛皮垫、树脂类、骨质类等，硬性隔片有黄铜、银、藏银、白铜等。

图 6-8　菩提子手串（局部）

⑥ 通常情况下，尽量避免颜色相近的基础珠和配件进行搭配，或者也可根据您个人喜好、审美来进行选配。